U0870530

献给让娜（Jeanne），我的妻子，以寄哀思，

献给我们的每个孩子，有了她的付出，

才会让这三个独特的生命

成就今天的模样。

也献给孙辈们。

書知性

Des bouts d'existence

Aldo Naouri

[法] 阿尔多·纳乌里 著　王资 译

生活·讀書·新知 三联书店　生活書店出版有限公司

目 录

那首耳熟能详的歌里唱道：

回忆，就像片片落叶，

用铲子拢起。

如此说来，这本书的记述，不过是

铲起的一锹。

何尝不是呢？

作者父母1919年婚礼当日的留影：父亲时年18岁、母亲16岁

写在前面

记忆与回忆

当我决定提笔写下此书、拾掇存在——其中自然包括了我的存在——的片段时，眼前浮现的第一个回忆，是关于一阵愕然。那份愕然袭来时，我正读初一，拉丁文课上提到了奥维德（Ovide）的《变形记》，其中讲述了国王弥达斯（Midas）的故事，还有菲利门（Philemon）和巴乌希斯（Baucis）夫妇的故事。

可我知道这些故事！我还小的时候，母亲曾讲给我听过。

不过，我听过的故事里并没有什么弥达斯国王，而是一位苏丹——毫无疑问，这是个成功的东方版本。故事中的苏丹不幸地长出了一对驴耳朵，只得用一顶软帽盖住。还有那么一个情节，有个农民在地里挖了个洞，把这憋了许久的秘密埋了进去；而最精彩的还要数那洞上生出的芦苇，一到夜里，经风一吹，就把“苏丹有一对驴耳朵”——这条在整个王国被封锁得严严实实的消息播散四方。菲利门和巴乌希斯的故事也是一样，只不过在改编版里，他们都有了阿拉伯名字。

我并不怎么好受，因为这怎么可能呢？我实在弄不明白。我自问是不是在做梦，我的回忆是不是被改写过。我万万没想到，会有这么一出“故事改编”。我百思不得其解，我的母亲是怎样、是什么时候、又是经历了什么神迹，才会风闻这些诗作。她和我同学们那些年轻娇俏的妈妈可是从头到脚都沾不上边。她只是个利比亚来的犹太妇人，老态已显、目不识丁，法语连一个字都不会说。况且还是拉丁语！她会懂什么拉丁语？她以前会了解过什么拉丁语？而我，之所以会在刚升六年级时选这一科，才不是因为她或家里任何一个人的建议，而纯粹是因为我听说，是好学生的话，就该这么选。那么，她到底是从哪里知道这一切的呢？

这段回忆中不怎么好受的滋味，差不多就好比一个人正安稳地开着车，却猛地撞上一大团厚厚的雾；这雾要不就是天气造成的，要不就是因为地势突变。这下会发生什么呢？就得看应激反应了。刹车，变速，然后打开前后雾灯，高度警惕，全神贯注地避免碰撞。原本的从容不迫，变成了高度紧张，并且脑中只有一个愿望：平复心情。

驾车人的应变分成几步——先刹车，后换挡，再打开雾灯；我们在面对不安时，也是一样的反应，但我们并非求助于自己并不拥有的合宜应变，而是求助于和当前所处情境相似的回忆。就好像我们从来就知道，在内心深处有一片广阔的记忆，一直把采集而来的阴暗片段小心翼翼地捧在手心，准备将来有朝一日用它们去照亮更灰暗的东西。

不过，这种应变并非次次都干脆利落地发生，因为我自己注意到，这回我不得不绕一条意想不到的远路。那些诗篇，无论究竟是不是为东方文化所改编，为何会为我所知，实在是神奇；而这个奥秘，随着另一份回忆的重现而越发高深莫测：一天，母亲带着一如既往的质朴和单纯，向我细细描绘了她口中的“*Lebda*”——很久以后我才明白这词指的是大莱波蒂斯遗址（Leptis Magna，位于今日的利比亚）。她告诉我，那里的城民触犯了神的诫命，因而受到诅咒、被就地石化。她说，小时候她哥哥曾带她去过那里。还说，她仍记得，四处身材巨大的城民让她震撼不已。她叙述的时候，我只是听着。早在那时我就知道，她看到的是废墟和石像，不过我并没有费力向她解释。解释了又能改变什么呢？让她儿时久久驻留的惊奇体验灰飞烟灭，又有什么意义呢？她的那份惊奇，不也正唤起了我的惊奇吗？而我的这份惊奇，还在我的呵护中生长，并且其中包含了些离奇、原始的特质，也包含了她。那是我的母亲，生我养我的母亲，那样地难以捉摸：在她的力量以及我深深体会的、守护者的强大之外，她还有谜样的一面。事实就是如此。我得自行适应，我必须全盘接受，不管为此付上什么代价，同时也不去强求理解。这么说来，不知有多少次，她批评我发问过多、小心别“钻进自己的牛角尖”，因为用她的话来说，问题太多会走向癫狂。

探秘之路

我花了几十年才明白，早年让我惊诧的事，只是简单地证明了一点：一代又一代传承下来的多层次信息，是真实存在的，而信息的源头早已丢失。我真正确认这一点，是因为我在很久很久以后、不再年轻之时，终于了解到了一段历史[1]：利比亚这片土地，为罗马帝国贡献了鼎鼎大名的皇帝塞普蒂米乌斯·塞维鲁（Septimius Severus）；而早在古罗马时期，这里就聚集了庞大的犹太族群。班加西的犹太群体，不仅人数众多，还格外强大，以至于罗马人害怕其扩张，围着城市造起了三座堡垒[2]。所以在我看来，各种文化很有可能互相渗透，并且，当某些故事携带重要信息或有潜力传遍天下时，各种文化便互相传递了彼此的故事、记载与背后蕴意。弥达斯国王的故事，强调了秘密的沉重分量；而菲利门夫妇的故事，则凸显了由爱而生的奇迹。各个主题的重要意义，极可能为它们的改编提供了施展的沃土。我的另一个证据是，当我成为医生时，曾回想起母亲如何为我们治疗感冒、咽炎、支气管炎和其他病症。她对各种疾病及其疗法的观念，完全借鉴了希波克拉底医学学说。比如，若是得了咽炎，令颈部肿大的增生淋巴结，会被看作掉

1　让-马里·布拉斯·德·罗布莱斯（Jean-Marie Blas de Roblès），《在利比亚——跟随让-雷蒙·帕绍的足迹》（*En Libye. Sur Les traces de Jean-Raimond Pacho*），“人类的土地”（“*Terre humaine*”）系列，巴黎Plon出版社，2017年。

2　同上。

下来的扁桃体。那么，要让扁桃体重归原位，就得把一只去了壳、还热腾腾的煮鸡蛋一口吞下去。

虽然耗时良久，但奥秘就此解开了，同时将我回忆中不好受的滋味一扫而光。这样一来，我顺势想起了许许多多类似的奥秘。虽说它们只会悄无声息地一闪而过，但都是我曾经不得不面对的奥秘。

且不提那些微妙的行文转折和隐喻的运用，都包含在这则弥达斯国王故事最吸引我的复杂情节中。当我关注起过去使用的方言时，我发现，我们的方言是一个混合体，借鉴了阿拉伯语、希伯来语、意大利语、马耳他语、土耳其语，甚至还掺入了几个埃塞俄比亚词。那时，我几乎要完成对各个外来俗语的辨别了，却在某个表达上碰了壁。母亲一直把它挂在嘴边，不是对这个孩子说，就是对那个孩子讲，但我从来都理解不了最后一个词的意思。当时，一旦我们当中有谁忘了什么东西，她就会训斥道："你的脑袋呢？你的脑袋跑去*Barnou*了吗？"一天，我特意问她，*Barnou*这词，我在这句表达之外从没听过，那么它究竟是什么意思。她回答说，那是世上最最遥远的地方，是座危险又恐怖的岛，岛上森林密布，到处都是野人。我自忖，这Barnou会不会就是婆罗洲

（Borneo）；我也想到，这个用词大概和先前一样，见证了初级信息的传播。

所以，这些外来用语，或者说是博采众长，大多是出于实用性，但除此之外，通过广泛的接触，它们成为一种看待世界、领会人类行为的方式。那些格言警句就是最好的证明，专门被用来阐释或鞭挞某件事、某种情形。母亲在她的言辞中就常穿插格言加以强调。

在评论荒唐的做法时，她会说："珍惜自己，别人就会珍惜你；做人低贱，别人也会羞辱你。"面对忘恩负义的行为时："喂食公鸡一百天，它只顾得了你一天饱。"针对一切不懂感恩的行为进行警告时："别急着帮忙，以免落得沮丧。"劝人相信经验有益时："年纪大你一晚，就比你多长个心眼儿。"讽刺傲慢的态度时："登峰造极的自命不凡，就是明明连屁股都没有，还跑去放屁市场要摊位。"对表象表示警惕时："你的外表光鲜亮丽，里面究竟是什么光景？"劝人顺应现实时："要是没有你所爱的，就爱你所有的。"用命运之说安慰苦难中人时："这全部的事，早在你父母结识之前就刻在了你的额上。"点醒自以为掌控万事之人时："亲爱的啊，你想让死神从哪里钻进来呢？窗，我已关了，门下也只有一条细缝罢了。”传授教子秘方时：“孩子用母亲的双眼看父亲，用父亲的两耳听母亲。”指出母亲对孩子的重要意义时：“爸爸，在妈妈出现之前，是谁照顾你呀？”声明父母角色的互补性时：“的确，孩子从母腹诞生，但少年时带他走进真实世界的，是父亲。”劝冲突各方让步时：“两个意见融洽的人里，必有一人忍让不少。”着重谈及两性的差异时：“女人，是一块大理石。女人，是一块紧凑、扎实、不可动摇的大理石。女人，是一块大理石，就算你找到她时，她正漂浮在小溪的水面，她也始终是大理石。”还有不计其数的格言警句，只可惜我就算奉上如上翻译，也无法凸显出它们集简洁和诗意于一体的关键特质。

除了这些以外，还有诸多发人深省的故事和寓言，都可以用作对各种形势与情境的评论或阐释。

若是专门探讨格言警句[1]，好奇于它们是如何形成、又是如何被接纳和流传的，就会发现，这与奥维德诗歌的传诵如出一辙。也就是说，作为一切的起源，某个道

1　我们的文化中，与之对等的内容可在拉罗什富科（La Rochefoucauld）的《道德箴言录》或拉封丹（La Fontaine）的寓言中找到。但值得一提的是，日常交流中，上述两者都不被使用。在我上小学的那个年代，教师想要教授思想道德，并没有什么可耻，因此，每天都以一则拉封丹寓言的寓意开始。寓意被写在黑板上，随后由老师讲解。

理被世世代代相继接触，历经的世代之多，以至于这道理最终被毫无保留地认可，并在经过整理后被用作针对每个人的训诲。这道理的诞生、完善和定型，必然花费了大量时间。史前克罗马侬人绝对想不到会如此。他们能够走过漫长的进化、最终让千秋之后的子孙采纳这些道理，定是迫于两种压力：一是自然形成的社会关系，二是人们逐渐定下、随时间慢慢细化的行为准则。汉谟拉比法典就是一例，真实见证了整个过程。它是人类最古老的一部成文法典，比一神信仰的诫命出现得更早。典律和诫命通过某种与各种机制相关的过程，迫使每个人抑制并控制自己的原始冲动。本人将在后文就这一过程详细论述。

记忆及其层次

我特意提起了往事，那么，我拿这些往事做了什么呢？我证明了，一份回忆如何通过一个接一个浮现的其他回忆，做到重拾某个悬而未决的问题，又是如何用崭新的眼光去开启这个问题。如此过程，让回忆形成那一刻的不适感烟消云散。事实上，我正是因此而得以不间断地再次探入与我原生文化有关的事物，并得以从这文化独有的特点——就像世界上的任何一种文化都有自己的特点一样——入手，去把握它。我的原生文化，属于一个没有文字的社会[1]，或者更确切地说，属于一个以口述文化为特征的社会。在这样的社会里，传承的任务归女性负责，尤其是成为母亲的女性。所以，在那里，记忆不可或缺，记忆至高无上[2]！

这个过程的意义并不止步于此。它打开了一条值得探索的新路径。口述记忆在没有文字的社会中发挥着作用，同样地，笔述记忆也在别处发挥着作用。既然如此，那么，在其他社会中，人们绝对有理由好奇，这种记忆有什么功用，它所调动的回忆又有什么功用。

首先，这份口述或笔述、代代相承的记忆，在一种特定的文化中发生。可以说，这份记忆，或许意在勾勒这种特定文化的轮廓。时光流逝，它慢慢建立并完善了诸多惯例，而依靠这些惯例，它缔造出每个人都可知晓的行为准则，且这些准则在特定文化开展的确切空间内

1　此处还是要解释一番，因为在许多靠口述传承的社会——其中就包括我的文化背景所属的社会，男性可以接受较为深入的教育，女性却不能，女性的天命就是怀孕生子。

2　例如，众所周知，因纽特人当中——实际上和沙特阿拉伯、伊拉克、也门的不少地区一样——每个人都必须、也确实都有能力背诵自家三十代至四十代的族谱。

正当有效。在某些社会里，受邀的宾客必须在用餐结束时大打饱嗝、畅快排气，无一例外；另一些社会里，客人得和女主人同床共寝；还有一些社会里，就算来客被视为仇敌，他只要身在宅院之内，就仍会被主人以最殷勤的方式款待，即便主人已打算趁他一跨出门槛就送他归西。类似的事例不胜枚举。我们还可以设想，只要各个社会生活在完全独立封闭的空间内，特别是与邻舍互不相干，那么，那些独有的风俗习惯就毫无问题。然而，一旦边界打开、人群混杂，各种文化便不得不彼此对峙。每种文化都是如此：当它并不准备把自己的准则强加于其他文化时，便会下极大决心，开始坚决维护自己的准则。英国人说法国人尽是些“吃青蛙的家伙”，而法国人则嘲笑英国人谦恭客套的虚伪派头——这岂不是太常见了！就算是在我们这样统一的国家里，地区与地区之间，甚至乡村与乡村、有时乃至邻村之间，依然存在着无数对立的立场，但无论是什么立场，都被一一容忍。这些现象，即便不是遍及各国，至少也存在于许多国家。

集体记忆，常常被“叙述性”这个词注解。它对每位个人而言，都是身份的组成元素；而身份，又是个人深深依赖甚至竭尽全力把握的东西。个人加入集体记忆的现象，构成了一片巨大的工地。上述种种说明，不断演进中的人类，离告别这片工地的时刻还远得很。

回忆啊回忆

然而，从这份集体记忆出发，衍生到每位个人运用集体记忆的方式，并非不当之谈。

因为，传承若要顺利进行，就应当随时光推移渐渐递进。那么，若不是通过回忆，它还能通过什么载体进行？当然，所指的回忆是众多个人的回忆，但不管怎么说，都是来自个人。而且是来自拥有记忆能力的个人。以至于最终，我们论及这份记忆时可以说，它能够成为如今的模样、起到它的作用，全因它是大量回忆的总和。所以，这一结论将焦点重新投向上述的回忆，更精确地说是投向了回忆的精髓。这就令人不得不追问，这一关于记忆的现象有着什么样的独特地位？值得一提的是，该现象也存在于动物界的许多物种之中。本书中，我将暂且搁置这一话题。

我将用具体事例再来解析我母亲的格言警句。我记得它们、我转述它们，不仅如此，她曾记得它们、她也曾亲自应用它们。她自己的父母、祖辈，甚至是更久远的祖先，很可能曾与她一样记得它们，并也在应用它们的时候，尽可能地追溯到最老的先人。但这些回忆和它们的传承，若非触及其他类型的回忆——也就是日常事件所生成的、且地位必引发了另一类问题的回忆——则无从谈起。我经历过，也继续经历着我的人生。我保存了对这一生中每个片刻的回忆——例如六年级拉丁文课上感受到的惊愕。我并不知道为何，也不知道是如何保存下来的。而且，我离奇地感觉到，这些回忆——那么那么多！——先纠缠我，再消失、重现、再次消失，随后趁某个确切的时机又回来寻我，干扰我的人际关系、我的决策，而我却无法明白如何掌控它们，也没有能力掌控它们，或从它们中吸取什么教训。总而言之，也的确是我无能为力：它们搅得我不得安宁！幸好，是啊，幸好我拥有这堆不时能与他人分享的回忆。这堆回忆让我与他人联结，并且，它们对我而言就是各种路标，带我领会世界，对世界形成某种视角。沉浸于它们当中、重提它们，即使只是弹指片刻，都依然在我身上有着毋庸置疑的安定效果。我没有迷惘。我并不孤独。我是有支点的。我有基座支撑。我属于某个群体。从我感知到自己活着以来，许多回忆在内心相继绽放。面对这些回忆的拉扯，我以自己的方式，能够去迎接，也能够不去迎接。

又谈回忆

但这些回忆究竟是什么？它们有什么内容？它们是如何构成的？它们有何用武之地？它们生成了什么？为何它们会扰乱心绪？它们有什么功能吗？

这些只是众多疑问中的一部分而已，而为了寻找答案，大量典籍书册纷纷出动。我不认为自己得出了什么结论，更不觉得能将这些参照物扼要概述。但要是本书的后文乃至核心都在叙述回忆，除此以外几乎并无其他，那么我也不能对此一言不发。我希望，用我的方式去谈这些回忆引发的所有疑问，能使每位读者理解我为何要提及它们，进而对各位自己的回忆有所领会。

精神分析学科对此钻研颇深，我将主要以该学科为依据，但用简短的方式谈论以上疑问。我也将以拉康（Lacan）的名言做开场白："我们并不是因为记得而走出伤痛，我们会记得，是因为我们正在走出伤痛。"

我承认，第一次听到这句话时，我不禁微笑了。我的内心独白令自己都吃了一惊：要是将这句子照单全收，那么，我应该是已经走出伤痛了，虽然不知是怎么走出的，也不知是什么伤痛；总之，我一定是健康得无与伦比。

因为，我啊，要说回忆，我可有的是呢！要多少有多少！

我从来就有回忆，而且，从来就有许多回忆，有时候甚至多到让我疲乏。不过，我并不是这种现象的唯一特例。我认识一些和我一样终日神经过敏的人，他们都对自己的记忆力抱怨不迭，感叹自己无法制止它去记录那些最微不足道的事件、细节或言辞。神经科学研究者们认为，这和大脑中海马脑回区域的面积大小以及与该区域相连回路的表现有关。此说确凿无误，也无疑能用来解释遗传性超忆症。但是，此说并不能解释，上述的“面积”是怎样获得它的各种特征的。

最终，我还是这样思考道：精神分析师拉康在构思他的那句名言时，考虑的受众或许就是那些认定自己对幼年、童年，甚至所有过往时光毫无记忆的人。这倒并不是指与人对话中不时告知性地提一句、除此之外不见动容的那类人，而是指针对此事抱怨、特地搬上台面，只为辩解一番的人——例如，费力解释自己为何不能接受精神分析治疗。拉康的名言，可能就是为了纠正他们，也为了试着让他们明白，那些拥有或多或少回忆的人和他们一样倒霉。不过，这一点倒是事实，因为精神分析研究表明，回忆从来就不仅仅是“souvenir–écran”（屏忆，新译名为“遮盖–记忆”）——屏忆（屏蔽记忆）的存在，并不意味着它们向无意识打开了一条更便利的接触通道。

压抑之颂

这也就是说，在精神分析疗法实施的过程中，回忆本身并没有多大价值。单看它本身，没有什么特别可取的。看起来，回忆的存在只是为了起到一个作用：扮演一面保护屏，或是一个遮盖，置于它所掩盖的事物——这无疑有趣得多——和日常的实际经历之间。它见证了心灵采取的行动，这种行动的目的在于：要是实在没法抹去的话，就埋葬或搁置某种可能会破坏正常的人生路程顺畅推进的情绪。而这种机制、进展和细节都相当复杂的行动，被称为“压抑”。

既然“压抑”一词在我的文字中突然出现，那么就顺势一提，我曾草拟了关于社会准则和诫命的内容，不过我并无意停留在这个话题上。社会准则和诫命本身，就是最深刻的持续压抑进程之一带来的最终结果。几百万年渐渐进化的人类应该要承认，自己为了被他认为在需要帮助时可以指望得上的群体接纳、安居其中，就不得不埋葬凶杀的冲动、乱伦的冲动以及闯入他人地盘去掠夺他人产业或妻子的冲动等等。

所以，毫不夸张地说，在人类的进步中，上述进程可以被视为最重要的作用因素。我们那些生活在古老年代的祖先，相当成功地做到了压抑，他们做得极为出色，甚至把强制压抑的事宜变成了名副其实的律法——说起来，他们还把这些律法叫作“诺亚七律”呢。这确实挺不错的。我们或许可以说，我们正是顺着他们的创举，继续做着同样的事情，即便那出了名的“Il est interdit d'interdire”（禁止“禁止”）诞生的1968年5月，有人谴责这种“行径”，还给“压抑”一词赋予贬义。不幸的是，直到今天，它依然被习惯性地贴上这贬义的标签。

就此而言，我的观点是，正如人们论梦境时说“梦境是睡眠的守护者”一样，我们论压抑时也可以说，压抑是平常的实际经历得以顺畅推进的守护者，防御可能发生的惊吓或冲突。

补充一句，压抑并不是这个或那个年龄的专利。此外，有时每个人都会主动地启动它，甚至是在自己都意识不到的情况下这么做。比如，当他决定不再在一件恼人的事上“停留”时，或他不想在某事上“大做文章”时。

压抑不是有害的，恰恰相反，它不可或缺，并且在效益上有着不容置疑的地位。

在儿童的幼年时期，它是一道无法替代的防御屏障，也是一个为个人适应和成熟而服务的工具。在这一方面，它以各种方式介入，同时制造出不同程度的效果。

例如，当婴儿开始能够控制括约肌时，他就会制止并压抑自己曾在尿裤里暖暖地排尿和排粪时体验到的快乐感——这种快乐感是真切的，可以从接受精神疗法的尿床儿童和大便失禁儿童中发现。但如果控制括约肌对某个婴儿来说可以做到、甚至较为容易的话，那是因为事实上，他用自己压抑的那种快乐感，去换取另一种在他的感知中与之强度相同的快乐感，就算后者属于完全不同的类别，也就是他母亲的称赞和满足带给他的快乐感——须知，母亲是他此刻生命中最重要的人，也将长期地甚至是无限期地居于这个地位。

请记下一物换一物的概念，非常重要。

这个概念针对这一种压抑类型指出其特征，除此之外，它也让人注意到，整个行动是一场结果守恒的行动，更确切地讲，可以称之为一场“零和行动”。被压抑的快乐感在另一种快乐感到来时被抵偿，于是，被压抑的快乐感不会产生丝毫失落感，也不会留下任何痕迹。它既没有让余生额外负重的风险，又不可能趁某个契机像人们说的那样“还魂”、浮出水面后硬是搬出它的内容。[1]我并不认为在精神病学著作中，甚至在记录最罕见或最怪诞的心理偏差的章节中，存在任何需要在尿裤里解决内急的病例。大小便失禁的老年人，是由于机体衰老而不得不使用尿裤。通常，他们都对自己陷入的处境感到非常难过。

1 这一点，可以在阅读二战后某些大名鼎鼎的理论家和空想家的传记或自传时，从他们的作品中看到。我们发现，在他们人生中的某个时刻，也出于一些特殊的情况，他们有了类似的经历：自己曾深深掩埋的某件被压抑的重大事件忽然“还魂”。他们把这事件连根拔起，并且，不只坦诚地接纳它，还把它拉扯到和普通事件同一层次，把它作为某种理论的基础。由于他们才华横溢，他们从痴迷耸人听闻之事的媒体那里成功地赢得了好感，还成功激起了一窝蜂的效仿行为。他们最后说服了自己，也说服了其他人去相信：他们就是掌握真理的那一群，是所属时代的先知，凭借着他们全部的影响力，也常常用令人惋惜的方式，就这样在所处社会的进步中起到重要作用。的确，在某些情况下，大众会从一时的沉迷中回过神来，不过这时他们的醒悟带着一股揭露性的冲劲儿，与过去大肆吹捧时投入的冲劲儿别无二致。局面多少算是恢复正常了，但造成的损害依然无法弥补。

我之所以举这个例子，是因为它阐明了一种极其重要的机制，也就是每个人在一生中出现无数种行动时启动的机制，而启动这机制，是为了这些行动最终达到“零和”。

此外，针对这一必须达到的零和目标，我们也应当理解它的性质和功能，这样才能避免相关的行动和以物换物的概念一样，产生任何失落感，也就是说留下任何痕迹。

“零和行动”至高无上的地位

初到世上的新生儿，将沐浴在语言中，也将沐浴在起决定性作用的情感环境中。他/她所拥有的身体符合全部健康标准。

新生儿会有这样的状态，是由于一个人们不常想到实际上却最为重要的原因：组成他们身体的所有器官和组织，都遵循着一条不可回避的、关于效益的规律——动态平衡（homeostasis）规律。

在人的一生中，为了确保平衡，该规律一直扮演着患得患失、吹毛求疵的守护者角色。而事实上，就是它所守护的这份平衡，让身体的各个组织处于优异的状态，以保证所有器官都完美运行、无一争风出头。这种“器官的安静”，按照克洛德·贝尔纳（Claude Bernard，法国生理学家）所说，标志着良好的健康状况。

就此而论，这条规律拥有一些自动运行的调节机制，这些机制的目的是一丝不苟地把生物参数和生物常数保持在极其精确的预设水平上。

例如，当体内糖分[1]水平降低时，某个机制就会立刻介入，将糖分值拉回正常水平；同样地，当它上升时，另一个机制便会介入。最了不起的是，这些调节机制常常十分繁多，并且它们自身受制于属于它们的调节机制，那些调节机制又……以此类推。数以千计的已知常数，乃至最核心的细胞层面，都是如此。

实际上，身体中的每个细胞都被预设在某段确切的时间过后死去，并被新的细胞代替。一个红细胞的寿命是三个月，黏膜细胞是两天，角质细胞则是二十四小时。如果有一个细胞没有经历[2]这一被称作“细胞凋亡”的过

1 正常值为每升血液含糖1克。若含糖量降低，细胞将难以运作，因为糖分是细胞的动力来源；若此含量升高，则会刺激动脉壁。

2 更准确地说，该细胞可能成功地逃离了杀伤细胞，而杀伤细胞的任务是像杀灭阻碍它的任何细胞一样将其杀死。肿瘤学家告诉我们，我们的身体平均每天都会制造出九种癌症，而我们体内的机制能够阻止这些癌症的发展。

程，那么，制裁就会主要以癌症的形式来进行。综上所述，从生物学方面来看，一切的运作都遵循着一个不容违背的模式。

健康的身体，由于所有器官和所有介入的机制都处于卓越的状态，就会产生舒适感。人们就是这样感知、体验、确认和识别舒适感的。而带着全新身躯的小婴儿，对上述尤其敏感。只要出现一丁点扰乱的因素，哭叫声便立即爆发，那样地坚决、执着、激烈，只有当扰乱因素被消除或者递来一份合宜的补偿时才会停息。

无论何种情况下，想要与动态平衡协商，都是不可能的。

我们应该要知道——而且，这也是了解自己究竟是谁的一种简单方法——希腊人用两个词来表达“生命”。第一个词是zoe［zoology（动物学）一词由此演变］，仅仅指躯体的生命；第二个词是bios［biography（传记）一词由此演变］，囊括了语言、交流、情绪、情感等领域，即“心灵”所指的全部内容所属的领域。

经验显示，如果说动态平衡统领躯体生命（zoe）的话，它也统领情感生命（bios）。

事实上，bios中发挥作用的一切因素，都是基于zoe

中的动向而融入的。因为，无论性质或强度如何，任何情绪都会影响相关大脑介质[1]的比率。最广为人知的例证，就是皮质醇和肾上腺素的比率，会在精神压力或愤怒之下上升。依照动力平衡规律，任何干扰都必然会启动最快速且最适合的调节机制，而这些机制有时还会导致行为的修改。要更好地理解这一点，只需回到我在前文描述的浓雾之遇。

无论是关于愉悦还是不快，bios中的一切必须通过尽可能有效益的形式，被不停地调适、平衡，以求在平常的实际经历中不要毁坏那份舒适感，也就是无冲突的状态，或者只是简单的无压力状态中产生的舒适感。

显而易见，bios始终在不间断地收集各种冲击和情绪，并且，那些因情况不同和个人差异而极其多变的影响因素，在混合着各种错综纠缠的元素的基础上介入，而深入这个基础内部，我们可以看到，它的核心是无法克服的冲动（这份冲动的激荡，将以性的形式表达）、身体对舒适感的感知等等，也就是各个感觉器官搜罗的一切，以及某桩事件中，个人在自己被指定的位置上的切身领会。这些

1 据统计，总数约一百七十个。精神作用药物就是在其中的某些介质上发生作用。

错综元素的组合体被称为“欲望”，当它没有被归入人的内在（immanence）时，它的概念便经常会笼罩着某种神秘感。

我们可以想象一下，自此，新生儿渐渐长大，不闻一声哭号，不见任何问题，没有丝毫困难，甚至托交换体系的福，继续这样成长。在该体系中，他/她对周围世界的适应、他/她被要求付出或主动付出的努力，都立即得到补偿，如此便带来一系列零和行动。

但想象只是想象而已。

因为，现实绝非如此单纯！

如果说，人的一生中，动态平衡可以始终是并的确就是zoe的运行法则，那是由于动态平衡以自动的方式，在有限的空间，且借助数量有限的机制发挥作用。bios则完全不同。它的空间广大、开阔、无垠，且关乎不计其数的境遇。不仅如此，bios也没有任何属于它自己的又能自动启动的调节机制。根据不同的年龄阶段和各种情境，我们可以看到，介入bios中的就有母亲——这位始终居于显著位置的人物，以及许多其他的人物。也许这就是为什么，有时候母亲们会试着在孩子的身边织就一个能够无限伸展的虚拟子宫，梦想着可以将bios禁锢在这样一个器官的边界之内。鉴于这个子宫绝非只是幻象，且平常的生活经历应当被保护起来、免受太严重的冲撞，现实便强制性地安排除调节、交换和抵偿以外的其他出路。

压抑和挫折感

比如，让我们来想象一个这样的行动：基本上来说，就是对婴儿或幼儿甚至是青少年施行某种限制，却不给予可能适合他/她或他/她认为足够的抵偿。那么，我们面前的这个行动，就是“负和行动”。该行动无法被接受，因为它与动态平衡规律的逻辑相悖。主体可以持续不断地反对该行动、谴责它违背了自己欲望中的期待。然而，最常见的情况是，主体无法逃避它。由此，他就会顺从它，哪怕是培养出一种怨怒和抵触的混合体——也就是“挫折感”一词给人的印象。为了避免意外地影响其平常实际生活的轨迹，主体将对抗他在做出反应时几乎要屈从的条件反射，就像他必须制止住强烈的愤恨之情。某件事替他决定了，罢了。这件事与他的愿望、欲望违背，也罢了。可要反抗它，他却什么都做不了。于是，他记录下了一种与“损失”相当的东西——

这也是该行动的消极面——而其中的不悦感将可能一直追随着他。为了避免此情况的产生，他会通过或深或浅地埋葬曾经的愿望，也埋葬愿望未被满足而产生的不悦感，从而去顺应、压抑。身边的人们以为他恢复了理智。但事实上，他是付出了挫折感，为了自己而将这负和行动——即便不是负和，也至少是零和——带向尽可能接近于该行动的事物。若该行动显得有所不足，或在效益上不尽如人意，他便会转向某项活动。在这项活动上，他将通过一个被称作“升华”的过程，倾注先前被挫折感撇在一边的精力。除此之外，他还可以在假想中实现自己的愿望，稍稍聊以自慰，而这样做正是归功于他此时发现的一种机制，并且，他从此会不停地使用这种机制——幻想。

即便是作为效益性的过程，压抑却做不到彻底消除该行动中的负值性。此外，它也做不到抹去随之而来的压抑。因为，抵偿无论以什么形式表达——它的形式也许是母亲的满足，不管母亲是否是挫折感的因素——就像融入社会带来的愉悦一样，可能在被压抑之事物的巨大比重面前，仍然显得并不足够。即便挫折感的强度减弱，它还是会留下痕迹，而或深或浅的压抑，会附带、也可能不会附带某个记忆的保护屏，此保护屏旨在重新遮盖某片空间，而这片空间若缺了保护屏，便可能会一直敞开，暴露在危险之下。在精神分析的过程中，正是这面保护屏，让这片空间被成功定位、解封。

虽说压抑在生成的那一刻的确具有保护性，但深度压抑却并非对生活方式和个人的人生历程毫无影响。即便挫折感在某个角落会持续下去，并需要被抵偿，然而，因有求于挫折感而采取的方式却会永远持续。例如，一系列约束手段强制施行的好教养以及好教养中所包括的文明礼仪，造成了压抑；而即使有朝一日，被压抑内容终被解封，这好教养和文明礼仪也永远不会消失。但我们设想，若某个主体受到过度的约束，比如接受了暴力且清规戒律十分严格的教育，他可能会在为人上表现得颓丧潦倒，像个受野蛮债主迫害的破产者：受伤、不满足、胆小畏缩、始终在等待下一次考验、却总是提前言败[1]。

数以千计的、深度较浅的压抑，在所有儿童的成长过程中、也在每位儿童长成独立个人的整个人生中，不

1　写这些语句时，我的耳畔响起了整个职业生涯中，我从许多儿女那里听到的、有关他们父母的理所应当之辞；同样地，我又从他们的父母那里，听到过关于再上一辈父母的相同言辞。

可避免地产生着。在这些压抑产生的时候，上述的过程介入了。如此一来，主体只会成为上面描述的样子，没有其他可能。

有一点不能忘记：今天，人类的婴儿来到世界时的精神和身体状态，与七百万年前来到世界时别无二致：虽不成熟，却拥有与环境的不安全性相适应的冲动系统，该系统的运作毫无章法可循，完全为婴儿本人效力。不过，婴儿们将必须牺牲几乎整个系统，才能适应这迎接他们、庇护他们的世界。母亲是他们主要的对话者，她们当中的每一位，都有能力给予他们合宜的教育[1]。受母亲教养的婴儿们，自愿将自己不中意的事物压抑，从而赢得母亲的爱。

不过，这一切不遵循任何确切的章法，也从不照任何已知或意料中的刻板图表演进。“爱”这个字是个杂物箱，我们常常会让它吐出我们所要的一切；除此之外，每个人的故事，就像每个人的发展动力或他的人格一样，无法与任何其他的故事重叠。那些介入这故事之中并始终起决定性作用的事实，取决于大量的参考因素。这些

1　论到教育，可以说，物种历经百万年之久的进化，它用四年的时间便让孩子从头到尾纵览了一番。

参考因素的数量，多到无法计数。

压抑的效应和感知

以物换物完全不留痕迹，而压抑不同。压抑常常不带过多成本地介入人的成长和人的存在本身，不仅如此，压抑有时还会隐藏在回忆的身后。既然压抑是这样的，那么，为什么有些人能够记得，其他人却记不得？

这是因为，要压抑的事件和情况形形色色、不计其数，其中包括了愉悦感强烈的时刻——这些时刻也与要求必须达到零和行动的动力平衡规律相悖——同样五花八门的，还有介入这些事件和情况的各种因素；而这一切，最终都调动着口头语言；而我们都知道，口头语言虽是交流的主要工具，却丝毫不能幸免于扭曲和误解。

万幸的是，教育若建立在平稳的威信上并被良好地执行，那么，孩童在面对这种教育让他看到的挫折时，会很快地学会应对。此外，他也经常可以成功地抵偿这些挫折，并且去适应这些挫折为他定制的界线和给予他的安全框架，让这界线和框架塑造自己。

实际上，这也解释了孩童的成长会呈现什么态势。

即使他必须不可避免地以一次失败[1]的代价换取任何进步、以牺牲一种潜能[2]的代价换取任何技能的获得，他还是会沿着一条原则上来说始终于他有益的道路走下去。顺着这个趋势，他甚至可以时不时地犒劳自己一番，把某个回忆和那些被压抑内容挂钩，甚至以此自娱自乐。

这就是为什么，初读拉康的那句名言会令我泛起微笑，还让我思量：看来我可以利用一下我那丰富的回忆库存，让我、也让别人相信，在我平静的人生中，从来就没有任何压抑、或者说鲜有压抑。幸好我没有去相信这种可能性，并且进行了一番精神分析。我丰富的库存，在某种程度上被当作迷惑人的表象。这番分析让我察觉到，我的库存只有一种功能，就是把我已经深深压抑的东西遮掩得更加严实。我也察觉到，我的压抑，是为了避免我可能会经历的、无法忍受的痛苦。

因为，那是真实的痛苦，是强度或轻或重、但都相

---

1 比如，当他还不会走路时，无论是站立还是倒下，他都不弯折双腿，并且，他的臀部直接摔在地面，他却并未感到疼痛。一旦开始走路，他便立即丢失这种官能，一旦倒下就会疼痛。

2 要说出巴黎口音的法语，就要使用到二十一个音位（音的单位，它们通过各种组合产生语言）。一个四个月大的婴儿，能够发出超过四百个音位。他的这个能力丧失得很快。虽然他拥有讲全世界各种语言的能力，他还是会选择身边的人们所说的那一种语言。

当强烈的痛苦，而且，这痛苦关系到并见证的是：突如其来的事件，总是在最终成为负和行动，这负值甚至可能非常大。而当这份痛苦不可忍受、无法承受时，人们会把这痛苦的始作俑者尽可能深地掩埋起来，并且绝不将丝毫回忆与之挂钩，以免点滴回忆会证明痛苦的存在或暴露它的踪迹。或许，正是这个机制的介入，使我们这个物种脱离了冲动和兽性的支配。

但这并非总是出于个人——此处我暂不用“主体”一词——的一己之力。因此，在命运让人们所处的历史阶段里，每个人都是其中的一环，而且，无论他是否愿意，他的使命，都是续写这段历史。

让我们以一个婴儿为例，他的母亲[1]迫于某些她实在无法解决的个人原因，一想到婴儿的死亡，便会感到极大的恐惧。通过身体语言，她会把这份恐惧授予婴儿，让他在余生都被那虎视眈眈的死亡纠缠，时刻忧心于死神的逼近。终其一生，他都将竭力发明大量策略，只为让自己抵御这可怖的威胁。卡夫卡（Kafka）在他过世前

1　我总是写母亲、而不提及父亲，并不意味着父亲在主体的人生中可有可无。我意在说明，母亲掌握着独特的权力：在父亲的信息和孩子之间扮演过滤的角色。若父亲强行破坏这个过滤层，他将会对儿童造成伤害——此伤害属于特殊范畴。

数月撰写的短篇小说集《洞穴》(*The Burrow*)[1]中，就对这样的体验做了令人赞叹的描述，而小说集里的这份体验，很有可能来自他本人。也许，在一些声称没有丝毫回忆的人身上，就是发生了这样的事。

我们可以通过如下实例，更清楚地勾勒这种情况，并对其程度进阶的另一端窥探一番：面对新生儿，一位母亲并不满足于培养他关于自身永生的普遍幻想[2]，而是尽她所能地以此为目标、力求让它成为现实。如此特殊的母亲形象，被她的儿子——罗曼·加里（Romain Gary）记录在了著作《童年的许诺》(*La Promesse de l'aube*)[3]中，通过他珍藏的大量回忆呈现出来。

由此，真正的问题是：精神分析法，究竟如何帮助没有回忆的人？

答案是，它采用了与帮助那些拥有过多回忆的人完全一样的方式。

---

1 弗朗茨·卡夫卡（Franz Kafka），《洞穴》(*The Burrow*)，巴黎Mille et Une Nuits出版社，2002年。

2 她可能会这样谈及此幻想："没错，人总有一天都会死的，但我的孩子，他绝对不会死。"这个幻想，对于孩子而言犹如一味催化剂，他将在自己充满活力的人生轨迹上携之前行。

3 罗曼·加里（Romain Gary），*La Promesse de l'aube*，巴黎Gallimard出版社，1960年。

具体而言，就是严格执行一项专门治疗法的基本规则，而该规则由医生在进行治疗时告知病人。这项治疗法，即让病人不经过丝毫查验、筛选，立刻说出头脑中闪现的所有内容。从某种程度上来说，这相当于邀请病人在一个塞满文件夹的巨型家具里翻找他自己也不清楚的东西。

我们来想象一下，一位病人从这个文件夹翻到下一个文件夹，并未意识到，在这么做的时候，自己正不由自主地扫视着一个接一个文件，既非乐意、又不知情地记录下了种种信息。这个过程的机能运作得或快或慢，使得病人的目光停留在某个信息上面，而该信息之所以吸引了他，是因为它有着莫名熟悉的一面，并且，该信息实际上极为重要。不过，这个信息通常与某个被压抑内容有关，该内容在人看来就此“被揭开”——这种说法要表达的是，被压抑内容，按照它被发现[1]那一刻的“正常状态”标准被评估，遂毫无阻碍地融入了当下时刻，并趁此时机大肆擦除，甚至抹去了关于当下情绪和挫折感的回忆——引发压抑的正是这情绪和挫折感。就

1 比如，我发现，曾有一天，我没能吃干净一个瓶子里残留的果酱，便将此事看作一起无法忍受的不公平事件。但现在的我再看此事，觉得它实在微不足道，便一笑而过。

这样，一次又一次治疗、一步又一步、一件又一件往事。于是，回忆就可以一一涌现。它们若是没有连带着新的回忆，便会在众多回忆中找到位置安顿下来。在这门以观念联想为主旨的学科之外，还应当加上迁移、梦境叙述，以及其他不可忽视的因素所起到的各种作用。但我不会就此赘述。我将始终围绕那句令我微笑的名言所唤起的回忆，并将特别聚焦于名言所影射的被压抑内容。

替代品?

这样一来，我们可能会好奇，那些未向精神分析治疗求助的人，是如何应付这些问题的？毕竟，谁都不应该逃过、也没人能逃得过这些问题。他们常常因为积存了数量惊人的被压抑内容，而始终生活在压力之下；这些被压抑内容中的绝大多数——且不说接近全部——其实都只与一些无足轻重、甚至可忽略不计的因素有关。

在接触了几个令他们艳羡无比的人之后，他们更坚定了寻觅解题方法的决心。那些人都几乎从未面对过任何限制，那么由此可见，他们也几乎从未压抑过、或者几乎从不知挫折感为何物。可以这么说，那些人只经历过正和行动，但从原则上来讲，动力平衡规律也是容不下正和行动的，因为正如我在前文中指出的那样，此规律要求行动必须达到零和或接近零和。诚然，动力平衡规律容不下正和行动，不仅如此，作为回应，这个严苛的规律对违反者下达审判，命他们终其一生都必须承受让他们筋疲力尽的经历——这些经历，把他们强制性地禁锢在一种无止境的好战主义中，目标只为搜罗好处。这种好战主义，为他们制造出无以复加的焦虑，因为狩猎途中的片刻停歇，对他们而言就相当于死亡迫在眉睫。由于他们并不拥有升华机制，也没有幻想机制——这些机制常常可以成功缓和受挫的被压抑内容——他们便沉迷于战斗中不可自拔，就如对硬性毒品上瘾的人一样，当然，这是指他们未对两者同时上瘾时。他们对社会构造的逻辑漠不关心，然而，他们的自我发展，正是在这社会构造中进行；不过，他们一心只想着用一切为自己谋利，继续扮演着儿时小霸王的角色，也继续行使着幼稚的“万能权杖”——从来就没有任何人或事迫使他们放弃这柄权杖。若是用总结性的陈词来评说，他们的境遇比受挫的压抑者们可怜多了，因为，后者至少有幸能与一个甚至众多其他个体缔结一段日渐充实的关系。

且不提，要是后者——这些神经过敏[1]的人，认为自己的境遇有点儿沉重，他们还能在力所能及的范围内找到兴许可以减轻负重的诸多方法。

在这些方法中，如我所说，首先是与他人、与社交生活的所有组成成分交流。如此的交流，使主体能够独自揭开掩埋得较浅的大量被压抑内容。此举可以明显地缓解由全部被压抑内容导致的张力，而且，缓解的效力不容小觑。

人类群居的天性，在此找到了另一个用武之地。我们远古的祖先之所以聚集，是为了获得更佳的狩猎成果；而我们呢，我们之所以聚集，是为了尽可能地减轻被压抑内容的分量。

实际上，交流，让每个人意识到自己的喜好、禁制（inhibition）、热忱或厌恶，使每个人对自己的个人特点拥有较原先而言更清晰、明确的概念——当然，改善的程度因人而异。接触同类人、欣赏与自己互补的人、付出精力交往相似的人、辨别或避开相反的人，这一切皆源自共鸣效应，而共鸣效应所带动的，既有镜像神经

1　此短语所指的个人，其精神结构——此“结构”，即建筑意义上的结构——的特征在于，因压抑过多而感到受挫的他们，会予以他人和自己同等的权利。

元[1]，又有无意识响应。交流的结果，就是一段段维持得或长或短的关系，而从这些关系之内，有时——或者说常常——会显露出各种相遇，浮现出友谊，甚至是爱情。由此便不难理解，为何青少年那么喜爱相聚。他们觉察出，如果这么做，他们就能成功地确知自己的身份、更合宜地看待各种挫折与经验，从而揭开这些挫折感背后的被压抑内容。正是通过这种方式，他们渐渐成为人们口中的“年轻成人”，而“年轻成人”则将通过同样的过程，成为“成熟的”男人和女人。

但是，除了以互动性为特征的交流过程之外，还存在着另一片天地。这片天地比前者广袤得多，甚至无边无垠，每个人都可以从中有所汲取，尽情尽兴，随时随地。有了它，认识自我之程更是渐入佳境，每个人都能在无意中触及纠缠自己许久的问题，甚至解决这些问题；有时，更有甚者，他们会就此走向自我完善。

对我而言，一切属于艺术创作范畴的，无论是何种形式，实际上都是一条揭开，或者至少可以说是企及被压抑内容的途径。通过这条途径，我可以试图一点儿一

1　镜像神经元，是指当个人在进行某个动作时以及在看到其他个人进行同样的动作时，表现出活动的一种神经元。镜像神经元位于共情（empathy）现象的基础之内。

点儿地拆卸被压抑内容强行装上的枷锁、一丝一丝地减弱它常常施加于人生的隐痛。

这就是为什么，在我的眼中，艺术是如此地且极其合理地受人仰慕。

品味着艺术的爱好者，出于共鸣，且在敏感性[1]的助推下，于艺术中找到素材，对藏在内心、却常常既不知其存在又不知其性质的东西，做出一种无意识响应。

当我们阅读一本书籍、欣赏一出戏剧或歌剧、观看一部电影时，若不是被一个或多个人物吸引，就是沉浸在架构、情节、手法、风格里。我们端详着一幅画、一尊雕塑、一栋建筑、一个花园、一片广场、一座城市时，又被协调感、生动性、光影、美感紧扣心弦。我们听音乐、看芭蕾时，则终可回归内在、重返那些时常忘记打理的地带。

艺术，一直、一直对无意识絮语；而无意识，则不停地、不停地捕捉着艺术的讯息。

文化，是为人类文明效劳的最佳工具[2]——这句话，重复无数次也依然值得。实际上，文化不断地把我们拽

1 关于被压抑内容和敏感性的关系，正如被压抑内容和脾性概念的关系一样，可以拓展出许多论述。但这并不是我撰写此书的主旨所在。

2 纳粹主义之于精致无比的德国文化呢？若纳粹主义的化身不继续表现得格外活跃、具危害性且令人忧心，那么，这将会成为证实该规律的一个特例。

出野蛮的泥潭——那泥潭是我们的起源，并且，它的每个分子，至今都紧紧尾随着我们。正因如此，我们务必从最年幼的人群入手，唤起警惕，即便今日拉拢性的蛊惑宣传总是企图将文化淹没在丑陋和平庸之下。

更何况，原则上，艺术从不强加任何事物于任何人——这也是它最优异的品质。每个人都可以自由地从中汲取心之所愿，而每个人所汲取的，永远都不同于旁人所得。就算艺术有时会被一些意识形态撷取占有，有时又被潮流现象利用发挥，它也并不会次次都引发群体模仿。一本小说、一部电影、一出歌剧、一场音乐会，或是一次展览的成功，其主要功劳绝对在于从中耕耘而出的艺术，而非穿行其间、难以捉摸的想法。而这些艺术的基础所在，就是艺术家从他自身的无意识出发、成功剖露并记录的东西，尤其是那些为被压抑内容定夺分量与规模的种种发问。

有无回忆

面对拥有回忆的人和没有回忆或者有极少回忆的人时，处理他们掩埋的被压抑内容，需采用同样的方式；

不过，我们无法做到每次都清楚地了解，记忆究竟是如何构成的。神经系统科学家们，将此处所说的记忆命名为“情节记忆”（episodic memory），它的作用，是让人回忆过往、思考未来。

要把没有回忆的人，想象成高强度真实创伤环境的受害者，再容易不过了。我们想，他们应该为掩埋和忘却耗费了所有精力，不像其他人，经历的成长过程比他们太平得多。但是，在我认识的人中，有些拥有不幸童年的人留下了对这段时期的回忆，还有些声称童年一切顺利的人，却对那时没有丝毫回忆；这就像是我认识一些记忆过剩的人，他们和那些没有回忆的人别无二致，都过着不甚自在的人生。可以说，这个议题牵涉到太多参考因素，因此，要列出一份简单明了的因素清单，绝无可能。

此外，我曾在谈到我自己的情况时特别指出，我的回忆库存，并没有妨碍我在精神分析治疗的过程中，发现数量庞大、我没有想到会存在的被压抑内容。

起初，有很长的一段时间，我一直以为我记忆的广度只是一种普通的现象，和所有人都一样，因为我的广度和身边的至亲相同，也就是我的母亲和兄弟姐妹。而随着我的经历范围逐渐拓宽，我意识到了这广度的特殊性，于是，我开始思考，我的记忆是如何构成的。当然，最简单的回答，就是把一切都往个人特质（idiosyncrasie）、遗传或表观遗传学（epigenetics）上靠拢。这样就等于将试图草草了事的愚昧，掩藏于深奥的学术词汇背后。但当我进一步搜寻我原生文化的诸多特征时，通过一些记载以及一些言论中的特殊之处，我发掘出了种种事实和元素，并顺着这些事实和元素得出了我在上文中写下的答案——这些答案着重强调了记忆的必要性和至高地位，因此，若记忆力未从遗传途径得到承袭，就必须被激发。

如何激发？

首先，通过练习——我再次重申。这也是于勒·费里（Jules Ferry）学派（即强调背诵诗作、乘法表等等）的重点所在。不过遗憾的是，如今的人们，尤其是近数十年来，认为应该将其摒弃。

还有一种方式，就是求助于讶异、惊奇等来自事件的情绪，这些情绪扮演着启动回忆的角色（即使这些回忆是保护屏）。

那么，这一切，由什么来产生呢？

答案是，各种策略；而讲故事——对于我个人而言——在这众多策略的核心，占据着独一无二的位置，即便它在我们的文化中，被错误地当作一种次等艺术。

我将用接下来的篇章讲一个故事，也聊聊那些被这个故事调动、运用起来的回忆。故事的开端，我会回顾自己幼年以来走进这篇故事的历程，以此解释这样写作的缘由。

是叙事著作？

只是一个故事而已！

讲故事

我先前曾提到，任何形式的艺术，通过特殊的共鸣效应，都有助于稍许减轻被压抑内容[1]带来的压力。我认为，故事，与一切其他的艺术表达一样，拥有着相同的属性和功效。我还记得小学每周六的下午时光，班主任总会给我们读一篇故事。整个班级的专注和静默，几乎不可思议。每个人，包括最爱偷懒的那个，都对一字一

1　我用这个术语一次性指代所有被压抑内容。

句和它们的意蕴入了迷，绝不让自己有丝毫分心。就算下课铃响起，只要班主任还未读完故事，就没人动弹。而即便到了最后，魔法已施展完毕，静默还是会久久不见消散。就好像非得留出这段时间，才能把领会到的东西归类，然后在记忆中找出一个位置，把它小心翼翼地存放起来。

若我想让我的文字足够可信，只需提一句：孩子们心心念念的睡前故事有安抚效果，这样就已足矣，为什么一定要唤起这段回忆呢?

也许，是为了让我自己重温儿时与故事之间的那种亲切感。这份亲切感，用惊奇的感受紧紧环绕着我，于是，我就尝到了这惊奇；它又用同样的方式，在我的记忆中，成功地将实际经历里最不起眼的细腻变化一一定格。我所收获的绝大部分回忆库存，可能都归功于这份亲切感。

这一切开始于——说是“开始”，因为这很快就成了惯例——我全家1942年8月到达阿尔及利亚之后。

在此之前，我们生活在利比亚，更确切地说，是在班加西。

往上追溯四代，一位祖先出于我至今都不明白的原因定居于此。照我所理解的来说，这位年轻的犹太拉比时年十九，从阿尔及利亚的奥兰（Oran）出发，带着十四岁的妻子去探望住在耶路撒冷的岳父母一家。行至半路，他决定中断旅途，定居班加西的犹太社群，以便让妻子重拾她似乎已抛弃的犹太教习俗。不过，看上去很离奇、也让我感到稀奇的是，他竟是法国国籍，而且，这可比1870年《克雷米厄法令》（*Décret Crémieux*）颁布的时候要早得多——该法令将法国国籍授予阿尔及利亚的全体犹太人。证据就是一份他的1852年护照的复印件。但这是怎么回事呢？有两种解释，我并不知道哪一种正确。第一种，为了逃避他们得支付的税，尤其是为了逃避"受保护民"（dhimmis[1]）的身份在伊斯兰国家为他们带来的二等公民待遇，北非的犹太人若经济条件允许，便会去欧洲国家的大使馆买个国籍。所以，当时有不少法国、英国、西班牙、意大利、丹麦等国国籍的犹太人。或许这就是原委？但还有一种可能，就是这位年轻拉比的某位先辈——要不然就是他的父亲——早先效力于1830年前统治该国的奥斯曼帝国，因此未经申请便

1 "dhimmis"字面意思为"受保护的人"。伊斯兰国家承诺，通过征收一种特殊的税，对信仰《圣经》的人民——即基督徒和犹太教徒——进行"保护"。

被授予了法国国籍。当时的法国殖民政府，可能觉得这是个实用的办法，可以保证它召回的前政府员工忠心于它。这也是为什么有些阿拉伯人也享受了相同的政策，其中就有我认识的人。

身为这位曾祖父的后代，我们都是法国国籍，虽然我们连一句法语都不会说，家族中的男性一个都没有服过兵役。一场又一场婚姻，女方基本都是土著身份的本地人——比如我的母亲，还有一次次出生和死亡的家人，都按规定一一在法国领事馆登记，随后呈送至当时位于的黎波里的法国大使馆。六十多年前，我也就是在这个大使馆里拿到了手头资料的复印件。

然而，从1911年起殖民利比亚的意大利墨索里尼政权在1942年决定，与其对战的国家的侨民不准继续留在它的国土上。由于我们作为法国人口被登记在册，我们便被纳入了一个由红十字会接手的公民人口交换项目，借此被驱逐出境。随后，我们和三十来个家庭被一起遣送到了最近的法国领土，换言之就是阿尔及利亚[1]。那时，我们身上只带了自己的衣物和一丁点儿钱，其他物品被

1 英国籍的家庭，则被驱逐至埃及。当时，埃及是英国的被保护国。

统统没收。旅程持续了近三个月。若是拿我对那时的回忆当作素材，足以写成一整本书！

来自流逝时光的惊喜

我们一行共八人，包括我们的丧夫的三十九岁母亲，和她所生的十个孩子中活下来的七个——最年长的即将二十二岁，而最年幼的我，快要五岁了[1]。阿尔及利亚小城奥尔良维尔（Orléansville）的犹太社群接待了我们，拨出一间二十来平方米、不带窗的单间，算是我们的住处。我们很快就把这里起名为“地窖”，因为门前天井的地势比路面低不少——我们要出门就得向上爬一层楼。这间单间，多年来都被这栋楼做屠夫的屋主专门用来肢解牲畜。我们在这儿住了五年，而五年里，母亲用了一桶又一桶水、一升又一升漂白剂，也没能洗掉那股羊毛里的

1　这个信息，我直到1955年才得知，此前从不知情。而我会得知，是因高中会考须递交出生证明，我便亲自前往的黎波里的法国大使馆办理。跑了这一趟，我才知道自己生于1937年12月22日，而非一直以为的1938年11月6日。事实上，我们的家庭户口簿弄丢了，而我的二哥达尼（Dany）自以为出了个好主意，上报了这个假的出生日期，为家里多得了一份牛奶配额。他当然料想不到，这个假生日会对我的学业造成什么后果。我可是从来都以为自己是班级里年纪最小的，到头来却发现，原来我比同级的人整整晚了一年！我的震惊可想而知。

油脂味儿。这使我对羊肉产生了挥之不去的强烈厌恶。

若天气允许，晚饭过后，我们便把稻草做成的凉席铺开，在天井里席地而坐。若寒流来袭，这场家庭仪式依然照例进行，不过地点则挪到了室内，两三个小火盆[1]的炭火（勉强）带来些暖意。我们每个人都有权接触母亲的身体，这场景就犹如母鸡用翅膀护着一群小鸡。我享受着得天独厚的位置：她的膝盖上，枕着我的脑袋。

这时，她就会给我们讲故事。

就这样，一夜又一夜连成的漫漫年华里，她给我们讲述了各式各样的故事，陆续竟有《巴黎的秘密》（*Les Mystères de Paris*）、《基督山伯爵》和《一千零一夜》！鲁道夫（Rodolphe）和他的种种奇遇才刚刚让我们难以自拔，一转眼，我们又挂念起了爱德蒙·唐泰斯（Edmond Dantès）、梅塞德丝（Mercedes）、法里亚（Faria）神父，还有诸如唐格拉尔（Danglars）那样复杂揪心的人物；而当我们遇到舍赫拉查德（Shéhérazade）皇后，山鲁亚尔（Shahriar）王，哈龙·拉希德（Haroun al-Rachid），那些苏丹、大臣和他们所在的那个熟悉的世

1 小火盆（Canoun），黏土制成的中空烹饪器皿，在北非全境十分常见。火盆上的炖锅由凸起的三个小脚支撑，而炖锅则通过点燃的炭火加热。

界时，激动的心情更是达到了顶峰。

区区一点儿真是见笑了；不过我想，就算存在写故事和记叙文的学校，那儿的教学也应该不会比这更好了！顺便一提，我想，要在我们兄弟姐妹之间营造绝妙的团结关系和更强的凝聚力，也应该不会有比这更好的方法了。身为存活下来的孩子里年纪最小的那个，我可以亲身做证：虽然每个人都过上了各自想要的生活，但我们彼此一直都维持着无比亲密的关系，从未间断。

数年以后，应该是1949年吧，我问起母亲，她给我们讲的、让我忍不住想一读为快的故事，都是从哪里听来的。她回答说，是我的父亲。过去，他总在睡前把那些作品念给她听。她自己并不识字，只会说利比亚犹太人的方言，也就是阿拉伯地区的犹太人数不清的方言中的一种。于是，我先记住了一件事：已故的父亲是个爱读书的人。这让我好不欢喜，因为我自己早就是个书虫了——所以说，我的嗜书可是有出处的！接下来，我想象了一个场景。依我看，父亲拿来朗读的书肯定是用意大利语写的。我不禁钦佩父亲，竟能将自己正阅读的意大利文，直接大声地翻译给母亲听。我之所以会想到这个可能性，是因为这幅想象中的画面，正契合了我脑海中一幅现成的画面：战争期间，我的二哥达尼，每天中午都会把法国报纸中的内容直接用意大利语读给我们听，直到战争结束。值得一提的是，与翻译结下的缘分，贯穿了我的整个人生。看，我写就的所有文字，不都在做这件事么——将我所接触到的学说论点，翻译成让绝大多数人都能懂得的一种语言。同样地，在整个研究岁月中，我花了大量时间，在一种又一种语言之间畅游。

简而言之，与母亲重建了昔日的场景后，我就没有再思及此事。

直到2009年某个晚上的那次机缘巧合，也就是整整六十年之后！

一位友人邀我共进晚餐，想要介绍一个期待结识我的人。或者，确切地说，对方特别想认识我这个出了名的稀有“样本”，因为我是来自利比亚的犹太人。就这样，我见到了吕塞特·瓦朗西（Lucette Valensi）[1]。

她问了我许多问题。我尽我所能地一一回答——我对利比亚犹太人的了解，仅限于母亲和哥哥们告诉过我的那些。

1　最新出版的著作：《7世纪至20世纪阿尔及利亚的犹太人与穆斯林》（*Juifs et musulmans en Algérie, VIIe-XXe siècle*），巴黎Tallandier出版社，2016年。

“访谈”的这部分一结束，我便斗胆提出了那个原本就要脱口而出的问题：“要成为人类学家、北非犹太人的研究专家，还如此地声名远扬，乃至受邀执教美国，您是怎样做到的？”

她毫无顾忌地回答了我，而且，就像是在遵循我们俩早已达成共识的叙述规则[1]一样，她对我讲起了自己的故事。

她的曾祖父是意大利里窝那（Livorno）的犹太人。到达突尼斯后，他加入了当地的里窝那犹太人社群，而社群中的人本身来自葡萄牙，17世纪初便定居突尼斯，被称作grana[2]（单数形式为guerni）。后来，他曾接管一家南突尼斯的工业陶瓷厂。陶瓷厂被他经营得有声有色，规模显著扩大。于是，他便希望将工厂传给儿子，也就是吕塞特的祖父。可是，这个儿子完全不想与这条为他画好的人生道路有半点瓜葛。因为，他满脑子只有文学梦！当时的冲突，似乎到了白热化的状态。针锋相对的局面，

1　这里说的规则是指，如果某个答案并没有用它的成因典故来解释明了，那么，作为对某个问题最直接的回答，它并不具有多大意义。正是这条不成文的规则，支配着记叙的状态和进展。

2　Grana曾拥有自己的社群、犹太教会堂和墓地。他们的身份比本地犹太人——也就是twansa——要高，同时，他们也把自己看作是突尼斯犹太人当中的精英阶层。这些信息不仅为人熟知，且有文献为证。

一直僵持到儿子让步为止。他违心地接下了陶瓷厂的生意，同时也决心继续满足自己对文学的渴慕。但他很快意识到，现实并不允许他全心投入创作之中。为了抚慰自己碰了壁的心情，也为了不离开文字的世界，他想出了一个主意：成为翻译。由此，他用了几年的时间，将这几本著作翻译成了犹太-阿拉伯语：《巴黎的秘密》《基督山伯爵》和《一千零一夜》！

谁都能想象这个信息带给我的震动！我的第一个反应是：这句话之后的内容，都让我不感兴趣了。

我告诉吕塞特·瓦朗西，这三本知名作品在我的人生中占据着多么重要的位置。她和我一样表示惊奇。

所以，我的父亲并不是那位将他读给母亲听的书从意大利语翻成犹太-阿拉伯语的译者。他大声为母亲朗读的，就是犹太-阿拉伯语，一门在北非全境通用、有着专属字母（我珍藏了一份副本）、句法和语法的语言。吕塞特·瓦朗西曾努力搜寻这些译作的踪迹，据她所说，最后总算在杰尔巴岛（Djerba）找到了一本《基督山伯爵》。那里的犹太社群，至今都保留着这个仪式般的习惯：每周六下午和晚上的两次祷告之间，他们都会朗读此书的章节，从而让众人在缺乏专业人士指引、一起钻研犹太教法典的情况下，遵守教义中的诫命。想来有何不可呢？教义中的诫命，并不仅仅是为了颂赞上帝，也是为了展开对人世的思考——而这，是朗读这本珍贵著作最不缺少的。

发挥想象力

讲故事的艺术，或者说，叙事的艺术，我是这样继承的。

我所听到的词语，会以某种方式，在我的脑海里创造出大量图像，而这些图像都与伴随词语的情绪相关联。我觉得，要理解这种方式并不难。在我看来，对这个过程做出最佳诠释的，要数奥森·威尔斯（Orsen Welles），他的诠释也十分简明扼要。当有人问，电影和文学在他眼中的关系时，他回答道："文学的荧幕要大得多。"而故事，也是如此。

但这一切不只让我获得了讲故事的人该有的本领，还决定了我对职业的选择，尤其是我很快就做出的职业定位。

那么，什么是故事？

它是一种记叙——并非所有的记叙都是故事——以独创的方式、将一定数量的事件整理而成，这些事件最终构成一个绝对与众不同的故事。

不过，值得注意的是，这种记叙的构造，遵循一种特殊的策略。这种策略并不局限于收集一堆事件，然后把它们一件接一件流水账式地陈述或写下来——这是记叙的特征。这一策略把玩的戏法，就是面对事件、让事件彼此对峙、修改其中的细节、远离它们、用不同的方式重新窥探它们，就这样耐心且竭力地驾驭各个焦虑程度、谋划悬念、在恰当的时候制造惊讶效果，让人以为自己大可不必把支配人与人关系的规则放在眼里，直到在最后揭露：想抵触这些规则，谁都无能为力，否则免不了遭罪。违逆规律必归于徒然。就此而言，故事，因为它们的架构、内容，也因为它们激发的惊奇感[1]，完全可以自封“无可比拟的人生学校”。无论故事以什么姿态露面，它们总是为道德和超我（若要换个用语来说的话）服务。任何事物——顺便一提：我已在上文解释过——只要让人

1 伏尔泰（Voltaire）曾言：“若有人对我讲一遍《驴皮公主》（*Peau d'âne*）的故事，我应该会享受极了。”席勒（Schiller）也曾十分肯定地认为“（他）儿时别人（对他）讲的故事，比人生教授的道理具有更多的深刻意义”。

联想到欲望和限制之间一贯的较量方式，那么，限制一旦胜利，就会为被压抑内容敞开大门，也为升华和可能出现的、慰藉性质的幻想提供沃土。

我在读医科一年级时，某天，指导医师站在我们面前，让科室的所有实习医生回答，是什么让我们下定决心选择这门学科的。轮到我的时候，我回答道："因为我喜欢看侦探小说。"这倒是实话。请思考一下，什么是求诊呢？恰恰是为了解决某个奥秘提出的请求。病人前来披露他的症状，医生负责找出此症状的始作俑者。展开调查、采集并汇总证据、查实证据的有效性、直面证据、直到最后一刻指明它们的源头（或者说犯人）——这样来描述医生的行动，并非巧合。焦虑，也就是病人的焦虑和医生自己在现实中司空见惯的焦虑，为这整个过程制造了节奏，同样地，惊讶效果也会在采集证据时产生，同时开启其他可能性。弗雷德·西吉耶（Fred Siguier）是享誉国际的法国内科医学奠基人。当他被问及自己的专业时，他回答："审问。"

我个人认为，传统的医学教学工具并不足以确凿地指出"犯人"。出于这个原因，我很快便开始吸收各门人文科学和精神分析学的知识。"躺椅（经典的精神分析疗法中，接受治疗的人被邀请躺在躺椅、沙发或床上，此处的“躺椅”一词就是在指代精神分析疗法。——译者注）上的冒险”是什么呢？顾名思义，再简单不过了。如我已解释过的那样，它意味着服从精神分析师定下的基本规则，即要求病人不经过丝毫选择、过滤，任凭头脑中闪过的任何内容随意进入。于是，一批又一批“证据”堆积起来，按照语言的法则被排布、互相联结，并让人可以在最杂乱无章的情形中，一条接着一条地重新攀爬每条具有意义的锁链，而这些锁链，都会在被重新攀爬后自动断开。这个过程，让主体在一段时间后，得以从原本紧紧缠裹自己的锁链网罗中解脱出来。

如此一来就能理解，与任何形式的艺术一样——我再次重复——故事对其作者的无意识不停絮语，同样地，它一直通过在听众脑海中引发的各种联想，对听众的无意识絮语。无法预见的变数、各样的起伏和动荡——这些人生的构成元素，被这两种絮语有意地传授出来，同时，那所谓既定的秩序，那琐碎、僵化，常常散发着死亡气味的秩序，被摒弃了。

但讲故事、叙事，不仅是如上所云。

它是一个过程，深刻地介入每个人内化时间、内化其存在、认知、多变性、实际经历、割裂、逻辑的方式，甚至有时介入他内化遭受的折磨的方式。故事、叙事的力量在于，使读者或听众既从中脱身，又感到受其煎熬。故事、叙事，尤其是通过它们递来的出走之邀和它们激发的惊奇之情，讲述着从死亡的桎梏下意外躲过一劫、随后重新被拉回正轨的生命。有人会说，诚然，无法预见的死亡，是我们每个人的命运，但请不要让死亡入侵我们的生命，不要让它阻止我们全心全意地度过每个日夜。

因此，谁都不会讶异，当我这个被故事附了身的人——这么说毫不夸张——成为父亲以后，便立刻放飞自我，尽情地为我的孩子们讲故事，为他们“讲述”。

应该说，这是我承担家长责任的方式。我以这样的方式，踩着我唯一认得的家长——母亲的脚印前行。是的，我的母亲，那个讲故事的妇人。我可能也是在期待，能够凭借我记叙中透出的异域风格（我意识到了这一点，因为我在此将其重提），为自己找到一个位置，也就是父亲的位置，那个我一无所知的位置。从某种程度上来说，我是在自我“定位”，也是在接受“定位”，因为，我曾经因忙碌而整天缺席，而我孩子们的母亲，却是每个子女的崇拜对象。他们的崇拜既显而易见又完全合理，而我又何尝不崇拜着她，倾慕着她？

那么，讲述吧，一定要讲述。但讲述什么呢？

一切。

只要是闪过脑中的，就来者不拒，不过还是会以种种联想优先。不分先后、不评优劣。童年的回忆、笑话、旅行、儿时听过的轶事、印象深刻的经历，还有我的家庭、我们家族的往事等等，总之，我们所能想象到的一切。

何时讲述呢？

可以讲述的时候。

但主要是在每晚全家人围坐的餐桌上，或是在为周末前往乡间、暑期离家度假而驱车出行的路上。

孩子们钟爱这些时刻，常常嚷着要听故事。无论想到什么，他们都会提问，因为他们知道自己可以这么做，也知道他们总会得到回答。

如今，他们都长大了。每个人都过着属于自己的人生。各自想要的人生。而我们的关系，从始至终都无比美好。

那么，故事、叙事、我讲述的方式、我的人格，对于他们的人生、我们的关系，是否起到了什么作用？

我自问道。我是认真的。

因为，就在前一阵子，这几个孩子态度坚持却不说明原委地前来，鼓励我把过去讲给他们听的、显然让他们难以忘怀的故事一个个写下来。

于是，长时间的踟蹰开始了，直到我最终同意拿起笔来。

写作的难题

接下来的第一件事，是我必须适应用声音讲述和用文字讲述之间的巨大差别。用声音讲述，就是叙事，过去我为孩子们做的就是如此；用文字讲述，就是用写作来完成前面所说的叙事，换言之，也就是“写故事”。作为动词的“叙事”，所容许的灵活性和离题发挥，对写作而言是无法掌控的，在写作中也不可能看到。这个动词，通过手势、姿态和声调变化，拿捏焦虑的分量，又根据听众的反应，将焦虑散播出来，或是在上面玩些花样。而写作，则必须将各个焦虑层次预备妥当，琢磨它们的构建，并思考用什么样的方式安排它们的位置，同时还要让它们变得多样化。若想对这种情况有一个更确切的概念，只需联想那些笑话集：一个个笑话被写成文字后，几乎再也没法让人发笑，但如果带着些许才华口述出来，它们就能差不多百发百中地引发哄堂大笑。

第二件事，是我大受震撼，因为这些回忆的书写竟让我对自己有了新的认识[1]，而在此之前，我向来认为已做足功夫，对自己的经历和往事都已明白透彻。我不能掩盖这个层面，更何况要让我的记叙顺利写就的话，就不得不把我自己推到幕前，以各种地点为场景、我的不同年龄为背景，即使呈现的方式并不完全。难道，我是要费自己从来都厌恶[2]的劲儿，出一本什么自传吗？我可是明知道，这里面很可能会混入不少沾沾自喜。所以，绝无可能。

这种可能会出现的差池，令我有所保留。除此之外还有一事，就是我实在不认为，自己的这一生值得用结

1 这又是一个口头叙事和文字叙事的区别。在口头叙事中，叙事者从听众对他操控的焦虑做出的反应中，收到有关他本身的焦虑的信息。而在文字叙事中，他没有这种可能性，他要面对的只有他自己，以及他本身的焦虑。

2 然而，我还是在2013年3月同意出版一份自传纪要——《张开双臂，接纳人生》（*Prendre la vie à pleines mains*，巴黎Odile Jacob出版社）。2012年3月，我就收到了该书的约稿函，但我谢绝了。我的妻子认为我不该拒绝，她的理由是，我已发表的文字中，那些学术性的内容从来都达不到预期目的，因为那些内容总是围绕意识形态展开；而此番约稿，却给我提供了一个通过实际范例、用我的视角讲给读者听的途径。我还是坚持自己的立场。四个月后，妻子突然离世。我复工后，出版社再度向我约稿。这一次，我接受了这个项目，主要是为了缅怀妻子。该书的成书采用了访谈录的形式，我以尽量简洁明了的方式回答了所有提问。

构考究的记叙文写下来。我度过了自己的人生，就像所有人一样，各人有各人的人生。有谁的人生，不是在方方面面都独一无二、动人心魄的呢？我以独立儿科医生为业，和许多人一样。并不是在什么有钱人的社区，没有捞到令人衣冠楚楚的机会，而是在简陋的贫民区，身处我再熟悉不过的氛围。的确，我做过精神分析法的研究，但这并没有什么特别的：我认识的几十位同行都做过此类研究。我什么新发明都没有。新发现也没有。我始终谨慎地避免与任何机构接触，和它们保持相当大的距离。我从未依附过任何学派或宗派。我没有教过课，也没有开过研讨会。我从未自成一派。我没有徒弟。我从来没有培训过任何人，而且，我发表的文字，呈现的都是由我诊所提出的各种开放式观点，围绕的核心主要是儿童及其身边的环境，这些文字对儿科的教学和儿科医生的诊疗实践从未带来丝毫改变。同样地，它们也没有对道德风气或者社会言论的演化产生丁点影响。话说回来，上述的这些非我所愿，也没能成为我的目标。看起来我一直都独来独往，甚至几乎是个边缘人物。实际上，就算表面无迹可寻，我也从来都没有走出移民的身份。不过，在此我还是要对这个词作一点儿重要的细微修正。移民，对于他离开的那个地方一直都怀着乡愁。我对任何一个地方都没有乡愁。对利比亚，我没有乡愁，对阿尔及利亚，更是不见分毫。我会融入，甚至融入得完美无缺，却从不与人群融合，亦未曾被同化。身在法国时，我始终感觉不到自己是真正的法国人；可一旦踏出国门，身为法国人的感觉立刻无比真切。事实上，没有任何地方能给我家的感觉。就连我住了五十三年的宅子都是如此。我是个特例，特殊到我自己都觉得在终日漂泊，无时无刻不在寻觅着一个找不到的稳固支点。这样的感受如此强烈，以至于每当我成为别人致敬的对象时，我竟会彷徨四顾，看看致辞者所指的是不是另有其人。顺便一提，这也是我婉拒他人授予我荣誉和嘉奖的原因。没错，我确实写过作品。但写作的人何其多，我为什么要以此自夸？我拒绝称自己为作家，因为我所做的——我再次重申——无非是述说。我以医生的身份、尽我所能地述说，我述说的，是诊疗经验所教给我的一切，而我的经验能够越发丰富，应归功于我所接触的并尝试用绝大多数人能懂得的词句翻译出来、从而不再神秘的学说论点。出版社的辛勤热推，为我招来了媒体的注意，正如无数作者经历的一样。我没能逃过这种我从不会自找的“传媒啃噬”。我也从未关心过外界的认可或个人的荣耀。我认为，我所做的一切成果，某天终将归于无有；我承认，我对这一切毫不在乎。

对于以上的澄清，当然会有人提出质疑，把它归入欲拒还迎的矫情、假谦虚之列，要不就视它为不可容忍的傲慢，同时不住地强调：我“不还是照样出了那么多书吗”。若是这样认为，那就等于完全没有理解挫折感是什么情况，也没有理解每个人用来揭开被压抑内容的策略和手法具体为何。

食不果腹的贫寒、无休止的羞辱、被肆意践踏的尊严——这就是我的家庭。我人生的起点，既然印刻着颠沛流离带来的缺陷和来自如此家庭的语言难题，那么我能做的，若非逆来顺受，任凭自己在弱势的环境、人性的泯灭或对法纪的藐视中沉沦，就是尝试扭转乾坤并为了这个目标尽力而为。

后一种反应，会让人走向两种可能采用的策略：报复，或逆转[1]。

报复，被狂怒占据，在可能即刻兑现的自我陶醉式

1　极其热门的现实议题。

好处中沉迷，容不下任何耽延。选择报复的主体，盛气凌人又深信自己的价值无可估量。他终日迫不及待，面对他成长的社群环境和整个社会环境时，若是本该承担什么义务，他会对承担义务的概念视若无睹。他一头栽进自己的计划，铁了心要抢回被剥夺了的权利；不仅如此，他还觉得，终于轮到自己大展身手了，那些他认为该对他凄苦人生负责的人，如今必须落入他的掌心，服从并经受比他的过去更为悲惨的命运。因此，报复追求的是权力在握，且毫无掩饰地倾向于摧毁。就此而言，报复不仅是谋杀性的，也是自杀性的。

我所受的教育和我的原生文化，都使我远离报复。这两者总是不断地提醒我，在我允许自己去要求任何权利之前，必须一丝不苟地尽好自己的义务。但这两者并没有禁止我花上足够的时间，为我曾真真切切蒙受过的伤害获得补偿。只有在一项勾勒逆转大纲的计划最后，逆转才可能出现，因此要求付诸耐心、动用实际的努力。逆转，对那些应该向社会环境承担的义务表示尊重，不但无意摧毁社会环境，反而投身于其长久的建设进程中。在我不知不觉中，是逆转引导我做出了种种选择，我的精力也是为它而付出。是它，在不否定我的前提下，让我找到了克服缺陷、抹去羞辱、重建尊严的方法。而这一切，又让我结清了大量负债，让今天的我不再对任何人留有亏欠，也让我周围的任何人都对我无所亏欠。也正因为如此，对我而言，过去和现在始终保持独来独往、并与各种机构保持距离，才会如此重要。我靠自己，一个人，把经济上的债，向哥哥姐姐和家人们还清了。我靠自己，一个人，向各位恩师传授给我的一切致敬，以此向他们还清了债。我靠自己，一个人，也把最大的一笔债还清了——这笔债，是我向法兰西共和国学校（L'école républicaine）欠下的，没有这个制度，我将一事无成。

然而，这份独来独往、自给自足的笃定宣言，还是值得稍微说明一番。为了让我被压抑内容的缓慢揭开能够顺利进行，我使用的方法全部由我的社会身份和职业环境提供，任我取用，除此以外，我并未使用其他方法。这的确是事实，但另一个事实是，我没有独自生活过，从来没有。我一直都有人陪伴，她就是让娜（Jeanne）——我的妻子、我孩子们的母亲。她虽对我的行动表达着同情，却从未让自己参与其中，甚至与之保持一定距离。也许，这是她在无意地、不言明地告知我：

对她而言，作为“躲藏儿童”和“大屠杀幸存者”，她的往事所具有的悲剧性，片刻都不允许她去考虑什么医治或修正。遗憾的是，直到她过世很久以后，我才明白这件事。此外，我也在同一时刻明白了，究竟是什么让我们在二十来岁结缘又扎根于我们相伴的五十四载年华。我们各自的过往，呈现着不一样的破碎面貌。我们破碎的过往，让我们回首、面对那些最初的裂痕，而那些裂痕，我们应与它们和解，并且，任何爱情故事的不知所以和脆弱，都是在裂痕的深处现身的。结缘的发生会被认真看待，是因为它无疑掌握着一种能力，能够把母亲缔造的永恒的幻象加以更新，并续写下去。结缘，也同样赋予我们一份永恒的感受，而经历结缘的整个过程，就好像它本应是永恒的一样。我们牵起了彼此的手，一起尽可能美满地走完那属于我们的人生阶段。我们是否能做到包扎我们的伤口、让我们被生生扯去的部分重新长回？再没有比这更难以确知的了。再没有了。但即使做不到，我们仍然可以赐予生命、怀胎生子，为孩子们营造远远好于我们过去的生活环境。我们就是这么做的。让娜，是孩子们眼中完美的母亲。而我们的孩子们，正是因为她的付出，才会成就今天的模样。正如我，曾竭力求得她爱慕的我，也是因为她的付出，才会成就今天的模样。

可见，从孩子们向我提出的请求中引申出的后话，可不简单。这份请求使我深陷艰难的哀悼之中，无法自拔。这是我完全不曾料到的。而这艰难的悼念过程，是我们四人中的每一位都不得不去面对、完成的，现在看来，我们也将继续去面对、完成。

我从未想到，孩子们的请求，会是要我书写一个个故事。故事里，总是有两股相互对抗的力量双双显露出来，于是开启了一场冲突，而冲突即使引发了一些思考，仍会继续下去，最后当然是和所有故事一样走向结局。毕竟，这份陈述，看起来不过是在讲方法论，最终，竟像极了一则如假包换的故事！

所以，我同意投身于这场未知的体验中：述说事件——那些事件，是我曾经历过的，也因为激发了种种一出现就被回忆的保护屏遮盖的情绪，而在我的记忆中留下了难以抹去的烙印。

其中的一部分，就在下文。

我是否进行过挑选呢？

那是当然！数算起来，它们实在是太多、太多、太多了！不过，挑选，并非事先筛选。

作为自由联想技巧的无条件支持者，我让一则则事件自然地现身、来者不拒，只要闪过脑中，我便将它们立刻写下。写下之后，我的第二步工作，才是将它们一则接着一则、按照年代顺序整理；年代顺序，不被无意识所认知，也肯定不是这些往事在被我的孩子们听到时排列的顺序。让我们暂且以为，这就是他们听过的那些吧——实在难以确定啊！虽然如此，我还是尽我所能，让这些事件可以按任意顺序随心阅读，我甚至希望，各位会一直读到行行文字间的留白之处。

愿这些记叙能帮助每一位，让你我内心属于自己的联想自由呈现，也让你我值此时机，将些许笨重又无用的被压抑内容，一一卸下。

浮现

班加西
1940—1942

噢，我可都记得呢！每当我对母亲说，我对那个年纪的事都有回忆时，她总是惊讶无比。

首先，是我们家的房子。

要是站在门前的路上看，它右边贴着妮娅（Njyia）家，左边贴着祖拉（Zoula）家；而门前的路，是一条通往大海的断头巷子，地面铺着灰色的小方砖。对妮娅，我记得的更多，之后会细说。而对祖拉，我只记得每天早上，母亲总会把我们派去——要不就是我两个小姐姐中的一个，要不就是我——让我们拿着一柄汤匙，去要一块星子炭，好把家中火盆里的木炭点起来。我们得说：“Ya Zoula, qalaq omi a'têlah chouia 'afia.”意思就是：“哎，祖拉，我妈妈请你给她一点儿火。”回来的时候，我们的汤匙里总盛着一大块火炭。很久以后，我们拿这句话玩了好多年，彼此间重复地喊，还特别加上了恳求的语气。

家里的大门是绿色的、高高的，两扇门扉对开，每扇的正中间都有一个黄铜做的圆把手。门的上端呈半圆形。打开门，是一条宽阔的露天走廊。走廊的地面是轧得分外紧实的泥地，尽头的墙上安了一个我们几乎不用的水龙头。在这条走廊左边靠中间的位置，有几级台阶。拾级而上，就会来到一片水泥砌成的天井，中央有一口围着井栏、带着手摇柄和木桶的井，打上来的水被我们拿来饮用和洗漱。水井边放着一个tennour（炉灶），母亲每天都会用它为全家烤饼。这种口袋饼，外形类似于黎巴嫩或印度人又圆又软的烙饼，我们叫它ftira。每年逾越节的前一天，这个炉灶都得毁掉。我还记得，每到这时，母亲都会弄来几筐黏土，造出一个新的炉灶。按照犹太教规把它净化后，母亲就拿这个炉灶来做matsoth（犹太人逾越节期间食用的无酵饼，此处为复数。单数形式为*matsa*。——译者注），随后把它一直用到来年为止。天井的左边是一间洗衣房兼厨房，稍远处则是matmour（我很喜欢这个词。在阿尔及利亚，人们叫它*knif*），就是厕所。每当如厕完毕，我们都必须把门开着，以免惹恼djnoun[1]、导致它们气急败坏地横行肆虐——因为djnoun虽然喜欢待在这种地方，但时不时仍会想要出来逛逛。天井最靠里的地方是两间卧室。大家都睡在左边较大的那间，房间里还隔出一层阁楼，地上铺着薄薄的床垫。每晚，我们便会爬上阁楼，睡在床垫上。最年长的哥哥布拉米诺（Bramino）不和我们一起睡。他一个人用右边的那间小卧室，卧室门的左下方是破的。很长一段时间里，这个细节都有些困扰我。“Afrit kassar bêb elbith”，就是“魔鬼弄破了卧室的门”——这句奇怪的话，我是从哪儿听来的？我不晓得了。但自从我听到以后，我每次看着哥哥就会满心起疑。他会不会就是那魔鬼？我不禁自问。他真的是的话，我该怎么做？我记得有一天，我鼓起勇气挪到他卧室的门槛边上。那时候是中午。他正在沙发上坐着。他戴着一副墨镜，一边翻看报纸。他对我笑了笑，请我坐到他身边去。我转身就逃，深信自己戳穿了他的诡计。我已经不记得这件事最后是怎么解决的了。

---

1 “djin”一词的复数形式，意为恶魔、隐秘的力量。

另有一次，不知什么原因、也不知怎么回事，家里只有我和约兰达（Yolanda）两个人。约兰达，就是紧挨着我前面出生的小姐姐。我们敲了敲卧室的门。我们把门打开，只见一个留着大胡子、披着兽皮的男人站在面前。他是个独眼龙，脸上挂着一条触目惊心的刀疤，头戴一顶铁头盔，头盔上还伸出两只角来。他身后跟着一群人，击鼓又吹号，而他则一边嚎叫，一边按着鼓和号的节奏狂摇乱舞。我们被吓坏了。我们立刻把门重新关上、紧紧地靠上去，生怕门会被撞开。母亲去海里洗稻草席了，等她回来的时候，我们还在瑟瑟发抖。她安慰我们说，那是一个"issaouïa"，这个词的意思，我到现在都云里雾里，索性自己给它安了个"宗教游行"的意思，就这么把它"归类"了。

有时候，安息日的下午，我哥哥布拉米诺会叫哥们儿到家里来，一个是头发棕得发黑还抹上发膏的萨永尼（Sayone），一个是留着分头的金发伊萨科（Isacco）。伊萨科的嘴上常常叼着一根烟。每当我母亲批评他怎么在安息日抽烟，他都会回答，安息日是给女生过的。这话让我很疑惑，因为我的哥哥们都不抽烟，而且我也没发现，姐姐们在这天有什么不同寻常的行为。

还有妮娅！噢，妮娅！我的心上人！我的第一个心上人！她是那么美，美到连我说出口都像是亵渎。她没有孩子，照我的理解，她为此非常愁苦。她从不出门。是她丈夫不准她出门。我常常会在街上碰到她丈夫。我觉得他很可怕，管他叫Chlagham（胡须），因为他留着又浓又厚的灰胡须，两端还翘起来。妮娅很喜欢我。我应该三岁刚过，就知道找各种借口去看她。我总站在她家门前叫她。她便会来给我开门，让我进屋。紧接着，她让我坐到她的膝盖上，把我的脑袋靠着她的胸脯。真美妙啊，嗨！她会把我猛亲一顿，我也投桃报李，一边尝着她肌肤的柔滑软绵，一边望向她深邃的漆黑明眸。有时，我凝望着她，就失了神，迷失在她的脸庞、她饱满的双颊、她丰盈的嘴唇，还有她用墨色妆粉染黑的长睫毛下、她的那双眼眸里。我像是身在天堂，被她的香气灌醉，而这份香气也存留在了我的记忆中，直到我成年后，在广藿香里再次遇到了它。我希望那一刻永远不要停止。她有时会往我嘴里塞颗糖，或是为了定睛看我而揉乱我的头发，我便会生气，恼她就这么打断了我享福。后来，有一次她丈夫突然回来了，撞见我们——应该说是我——正一副幸福的模样。我猛地跳到地上，撒开腿狂奔到街上，吓得一路尖叫。母亲正好在家门前，她急忙来迎我，一边问我出什么事了。我抽抽搭搭地不断重复着“khof、khof”（怕、怕）和“Chlagham、Chlagham”。她说，我得快点尿尿，把尿撒在惧怕上，惧怕就会融化掉。她帮我解开了纽扣。我在街道的小方砖上正撒着尿的时候，看到Chlagham朝我走来。我的尿戛然而止，就算母亲在场，我也还是再次惊恐起来。他慢慢走近，把一只手轻轻放在我的头上，然后轻轻地抚摸着我的脸颊说，我不该就这么逃掉，因为他也十分喜欢我。惧怕融化了。这是不是尿的神迹呢？从此，我不停地往妮娅家跑，甚至很久很久之后，有一天，当我和她在她家的花园里摘杏仁时，我抬头看到了一架飞机的反光，便提醒了她，于是我们在警报响起、轰炸开始前，就躲进了防空洞。

因为，说起轰炸，那是数不胜数。后来，它甚至变得越来越频繁了，尤其是夜间。我们曾有过在防空洞待到早晨的经历。每次面对危险，我的哥哥们都会把《诗篇》全书背一遍，而我母亲则念“德尔纳（Derna）小经卷”（经卷原名为*zghair derna*，英文直译为“*the 'little one' of the town of Derna*”，即该古卷源于利比亚小城德尔纳。——译者注）里的祷词，那是《妥拉》里的一卷经书，因它为引用其经文的人施行神迹而著称。

母亲也会许愿，以求我们在种种险境中幸免于难。我们全家还果真让其中一次许愿灵验了。1949年，我们去杰尔巴岛（Djerba）的Ghriba会堂（全世界最古老的犹太会堂之一）朝圣。离开会堂时，我们发现，外面的房子全被毁了。我最小的哥哥沙乌勒（Chaoul），有时会把我和两个小姐姐带上，一起去废墟里探险。在碎石残垣里，我们时不时会找出些零碎的小玩意儿，对我们来说，每一件都是名副其实的宝贝，比如金属制字母和数字、一把小刀、一副眼镜、餐具、小面额的钱币、橡皮筋、自行车上的链条之类。我记得有一次我们发现了一辆敞篷汽车。沙乌勒坐上驾驶座玩了起来，口中模拟着各种声音，载着我们好一阵“兜风”。

而我们家的房子，也一样被毁了。于是，我们就住进了邻村的一间木棚。那村子的名字很奇怪，叫Litama，就是“孤儿”的意思。我们没什么东西可吃。不过，我母亲可是会魔法的，她知道怎么应付。在很长的一段时间里，我们吃的，都是她用不能再老的发芽蚕豆做成的豆泥，还有大麦粉做的饼：人间美味呀！怎么可能不美味呢？我们都饿成那样了，而且也没有其他可以吃的啊！她总是有办法去城里走一遭。一天，她回来的时候，坐的是一个德国士兵的摩托车侧座。村里的人把这件事编成了段子，还拿母亲的“事迹”写了首歌。闲话，都是用歌传开的，而所有闲话都能写成歌。后来有一天，木棚的屋顶塌了，掉在了我姐姐吉塔（Ghita）的背上。当时，她正在照看tfina，就是安息日的午餐。我们只得再次动身。我们回到了班加西，待在已是一片废墟的家里。之后的不久，就是我们彻底离开的日子。我们开始为即将来临的旅途做准备。我还记得，我们为了藏钱，把一个绿色的箱子做了个双层箱底；我也记得，我们问着各种各样的问题：什么该带，什么该留……

浓雾

1942—1945

“孩子们，孩子们！好消息：战争结束了！你们可以回家了！”说话的是科科（Coco）先生。他一踏进门就宣告了这么一句。我们都还来不及像平常一样起立行礼呢。科科先生是我们的校长，浓浓的眉毛、两撇小胡子，还有一条笔直的头路，把抹了发膏的头发划成二等分，永远是一副优雅的样子。他用力地握了握我们的班主任科迪度（Codidou）小姐的双手。我们各自把东西整理好，讶异之余，也挺高兴能早点回家。

很快，学校里便没了人影。我住的地方差不多就在对面。出了栅栏门，只需右转，再右转。在人行道上走个几米，穿过马路，再向前几米，我就到家了，到那个“地窖”了。

一般来说，我都不会拖延。但这天，我的时间还充裕。一穿过马路，我就站住了，默默地看着教学楼顶上延展得和楼一样宽的校名。每个字母都是金色的，硕大无比，用漂亮的大写字体写着：ÉCOLE LALLEMENT（拉勒芒学校）。这并不是我第一次看这些字。我曾注意到，自己每看一遍都会后悔，但我不太清楚为什么会有这种感觉。不过，这天，我不断地看着、又重复看着。因为我终于有胆量面对这校名困扰我的缘由了。战争结束了。这是一场法国人和Allements［即“德国人”。法语中，“德国人”一词为*Allemand*，加上定冠词后为*l'Allemand*（复数形式为*les Allemands*），与本文的校名*Lallement*同音异义，拼写也相似，因此引起了少时作者的注意。——译者注］之间的战争，法国人打赢了。但是，法国人要是决心干掉Allements，为何还要在学校的墙上写LALLEMENT

呢？就好比我之所以在手册上写自己的名字，是因为这本手册是我的。兴许是法国人挪用了这个词，所以Allements才向法国人开战的吧。但现在战争结束了，这LALLEMENT是不是会被擦掉，换上LE FRANÇAIS（即“法国人”。——译者注）呢？这些真是难以理解。走几步上坡再向左转的地方有间车库，它的店名也一样让人久久摸不着头脑。我们学过，在法语中，字母q的后面永远会跟着字母u。而说到这个字母，我们不能把它念作“Q”，因为它的法语读音和“cul”这个词一样，而cul可是粗口（法语词*cul*意为“屁股”或“蠢货”，常见于脏话。——译者注）！这让我着实惊讶，因为我们用自己的语言说zarzour、或用阿尔及利亚语说zouc（此处二词皆意为“臀部”。——译者注）的时候，都没什么可介意的。瞧，这车库的店名，竟然用花体字写着Queqeot！我思考良久后猜想，会不会是车库获得了什么特殊许可，把字母u给抹掉了。

还有战争，我对战争也一点儿都不懂。没错，我们在班加西的时候，就是战争期间。那是真真切切的战争，让人恐惧的战争，有警报器的鸣响，有冲向防空洞的人群，有日夜轮番的轰炸，还有警报解除、大家该回去时见到的被毁房屋。那时的确有Allements，就是那些被我们叫作Tedeski的Allements士兵——我母亲时而会向他们讨些面包，而达尼曾把掺了他小便的苦艾酒卖给他们——但并没有法国人。我从哥哥们那里听到过几次，说是还有英国人，甚至是Cas nadiens［即“加拿大人”，正确拼写应为*Canadiens*。作者在此所写的，是儿时听到发音却不知其意时，自己琢磨的拼写，组合了刚学的词（*cas*，意为“事件”）和自造的词（*nadien*）。——译者注］和Ostres à liens［即“澳大利亚人”，正确拼写应为*Australiens*。解释如前。该拼写也组合了儿时的作者刚学的词（*à lien*，意为“有关联的”）和自造的词（*ostre*）。——译者注］。他们攻下那座城后，遭到了Allemants的轰炸，于是后退，去轰炸占了上风的Allemants（此处的*Allemants*，与前文的*Allements*在拼写上仅有一个不同的字母，但发音相同，意思也依然是“德国人”，可能是作者有意为之。——译者注）。哥哥们说，这样下去怕是没完没了了。不过我听下来，他们说的东西实在太多了，弄得我一头雾水。比如他们兴高采烈的几次：一次，他们告诉母亲梯子倒了；另一次，是椅子倒了。可是，东西摔了有什么可高兴的？我花了很多年才明白，这“梯子”，也就是我们方言里的soloum，是英军进攻路线上一座要塞城市的名字；而“椅子”，也就是kersi，指的是王位，意大利国王的王位。

但是，这些是之前的事了，很久之前了。而现在，在奥尔良维尔，这些事从没发生过。

不仅如此，这儿还有美国人呢。我母亲帮他们洗衣服。这是达尼出的主意。他去把脏衣服收来，再把洗净烫平的衣服送去，对方便给他商品作为报酬，他再将商品倒卖出去。倒卖的时候必须万分谨慎，因为这属于黑市。市集？黑的？为什么是黑的？瞧，又是些我一点儿都听不懂的词。但我还是像对待其他数不清的词语那样，把它们都记住了。整座城的人都在我家进进出出。最好笑的就是某些犹太人，他们觉得自己买盐腌牛肉罐头很羞耻——因为这罐头不是cacher（正确拼写应为*casher*，可能是作者有意为之，以自己当时作为儿童的角度，用当年所学的有限单词来表达。*casher*意为按犹太教规洁净的肉制品。——译者注）的——就认为有必要在我母亲面前为自己辩解一番，说是他们家的孩子们病了，这是为其中一个买的。而我母亲呢，她压根就不关心这些，再说，他们的侃侃而谈，她连一个字都听不懂，因为这些人自称不会阿拉伯语，就都用法语讲。然而这根本就是假的，我曾亲眼看到，他们跟那个帮忙搬日用品的小个子阿拉伯人说话来着。大概他们觉得，对着一个犹太妇人讲阿拉伯语会被瞧不起，于是实在横不下心来自降身份。

对了，那些美国人，他们还真逗！走到哪里都当自己家一样。一点儿顾忌都没有。他们经常在大街上玩一种游戏，把球扔来扔去，然后用一只戴了厚手套的手去接。我们总跟在他们后面，向他们讨chouingomme和choclette（正确拼写应为*chewing-gum*和*chocolate*，即英语中的“口香糖”和“巧克力”。作者应是有意为之，写下了儿时的自己听到这些单词后想象的拼写。——译者注）。我们管他们每个人都叫约翰尼（Johnny）。为了显得我们很好相处，我们会把他们朝我们喊的词儿照原样向他们喊回去，当然，我们肯定不懂这些词儿是什么意思：guéraré、salamombich、fakiniou（按照这些自造词的读音推测，美国兵们说的应该是：*go to hell*、*son of a bitch*和*fuck you*。——译者注）。有时候，他们当中的一些犹太人会到我们家来，我们就接待他们，一起过犹太节日。眼前的景象挺离奇的：一群人穿着军装，围坐在地上铺着的台布旁；当我们说“阿门”的时候，他们却在说“欧门”[1]——按照达尼的解释，那是美国口音的希伯来话。我记得其中有一个叫班比诺（Bambino）的，红扑扑的脸、浅色的眼睛。他是在某个犹太新年的seder（该词专指犹太人最重要的仪式性家宴。——译者注）来我们家的。我

1　这是阿什肯纳兹犹太人对“阿门”的发音。“阿门”（amen）是塞法迪犹太人的发音。我们当时并不知道阿什肯纳兹犹太人这么一个群体的存在。［塞法迪犹太人（*Sephardic Jews*），即祖先来自地中海国家犹太群体的犹太人，而阿什肯纳兹犹太人（*Ashkenazi Jews*），即祖先来自欧洲除地中海国家外犹太群体的犹太人。美国绝大多数的犹太人都是阿什肯纳兹犹太人。——译者注］

们每向他递一道祝福小菜（犹太人的新年家宴，有严格的四个用餐步骤，其中第三步即祝福小菜，由多盘具有祝福意义的小菜组成，也须按顺序食用，且每食用一道，家中主人都要先诵读祝福经文。家宴的第四步才是主菜。——译者注），他都觉得味道妙不可言，看到石榴的时候还惊呆了。他连那是什么都不知道，等我们每个人都吃罢了才敢去尝。尝了以后，他要我们给他添，还把原本留给我和两个小姐姐的那一小杯吃了个精光。

另一个美国人，他可是把我捉弄了一顿。我被捉弄得着实够呛，以至于后来的几十年里，我一直认为，我那头短短的卷发之所以会把我变得那么腼腆又让我浑身不自在，都是拜这件事所赐[1]。那人觉得我的头发太长了，就决定带我去理发。我不停地抗议，坚决不肯跟他走，一边大叫说我不想像参孙（Samson）一样失去力气（《旧约》中写道，士师参孙力大无比，秘密在于头发。他在向喜爱的外邦女子泄密后，被剃去头发，力气也随之消失。——译者注）——这故事是达尼给我们念的；但不管我怎么反抗，母亲还是同意了。他把我拦腰一提、抱起就走。我拼命挣扎着，转眼就被带到了理发师跟前。

1　但其实是我错怪了。通过我自己的分析，我发现，这里提到的根源，和其他不少根源一样，只是一条由各种能指（*signifiant*，此概念由拉康提出。——译者注）组成的长链上的其中一个能指。这些能指实际上都来自我母亲之名。

他还不是随便哪个理发师，是离我家最近的那个，那个阿拉伯理发师！我哭得更凶了，因为这下我不光是力气要没了，还得染虱子了！

这些美国人开了间诊所，就在我家对面往下坡走一点儿的老邮局里。母亲带我去过一次。去诊所的两天之前，我在天井里奔跑的时候摔倒了，两只手伸在前头。我的左手按着地面，但右手却拍在了火盆里的火炭上。我大叫起来。母亲闻声跑来。我的手掌上还粘着火炭碎块。她摇晃我的手，把碎块都抖弄下来，然后把我拽到天井中央的下水道口边上。她掀起格栅，挖出虹吸管里积着的黝黑污泥，盖满我的手掌，随后用一块碎布把我整只手包扎起来。污泥的冰凉稍稍缓解了我的痛楚[1]。次日，母亲把布拆下时，发现我的手掌表面布满了水泡。她带我去了诊所。一位医生接待了我们。他用一枚注射器把水泡一个个戳破。接着他将一种深蓝色的液体[2]涂满

1　我在读医期间学到，治疗灼伤时，必须进行非常严格的消毒。当时我就想起了这次意外。下水道口的污泥，相当于一个细菌窝，聚集着各种最污秽的菌种，还有什么会比它更脏的呢？不过，我们可以把这一做法理解为借鉴了希波克拉底医学，也就是说，污泥里或许含有某些产生抗菌素的微生物；可参照青霉素的例子。

2　读医过程中，我认出这种液体应该就是Milian's solution［由法国皮肤病专家加斯东·米利安（Gaston Milian）发明的药水。经译者查询，该药水的成分和中国俗称“紫药水”的甲紫成分基本相同，因此此处亦可译为紫药水。——译者注］，一种效力很强的杀菌药水。

我的整个手掌。这下，母亲便学了一招：从此以后，我们只要是烫伤了，她都会把墨水浇在我们的伤口上。说到这里，我得为她辩护一番。应该说，她能做的，只有自己拿东拼西凑的土法来治我们的小病小痛，除此之外，她没有别的办法。请医生太昂贵了，要是情况实在严重，我们才会去找医生。而在她五花八门的疗法之外，母亲每次都会加上一个最要紧的程序：剜除邪眼（即*evil eye*，中东文化中的一种迷信力量，可带来厄运或伤病。——译者注）。这个程序还得分几步进行。首先，她把口水吐在我们的额头上，右边吐一口、再左边吐一口，连续七次后，她舔舔我们的额头，并以一段絮絮叨叨的祷词结束："我舔你，如同母山羊舔它的小羊羔，如同母牛舔它的小牛犊，如同母狗舔它的小狗崽，如同母猫……"，等等等等。随后，她在我们头上撒一把盐，向右抹七圈、向左抹七圈，再把盐丢到水里，一边祷告让邪眼像水中的盐一样溶化掉。接下来把各种lebkhour，就是用来焚烧的熏香，扔在火盆里的火炭上，让香气的烟雾飘向我们。这些买来的香料被做成各种产品，比如百里香、没药、安息香和其他香料做的胶块。如果我们过一段时间仍不见好，母亲就会去向一位圣人求助，请他来做相应的祷告。她付给他的钱少得可怜，但要让他这趟跑得见效，这笔钱就非给不可，而除了付钱以外，她在他离开前还会送上一杯茴香酒。圣人走后的场景，每次都让我觉得很滑稽：母亲急忙弄来一点儿水，淋在那位圣礼主理人刚刚坐过的椅子上，然后把这水捧在手里，往我们当中病了的那个的额头上抹，对他/她解释道，这么做是为了把圣人可能无意之间沾上的邪眼除掉。

有时候，她会和来看我们的阿拉伯人讨论她的独门方法。这些阿拉伯人把她看成一位圣女，认为她是如假包换的民间神医。他们从来不在我们家买东西，一到捉襟见肘的时候，他们就穷得什么都买不起了。但他们很喜欢我们。因为我们不讲法语，讲阿拉伯语，而我们却又不是阿拉伯人。他们的语言和我们讲的那种有很细微的区别，他们便很有耐心地教我们。我会认字母、音节，甚至都是他们当中叫艾哈迈德（Ahmed）的那位教的。他们像天书一样的词，实在是太多了！让我被蒙在鼓里好久。我不懂它们的意思，就把读音一个不落地记住了，如此培养出了强大的语音记忆力。

我的班主任完全理解不了这是怎么回事。那时，学校里有朗读课。她指定某位同学开始朗读，我们其他人都必须看着自己的书紧紧跟上，因为她会不经预告就点另一个人的名，让他立刻接着往下读。而我呢，只要一篇文章被念过两遍，我就能熟记于心，即便我对文章的意思不甚了了。所以一到这时候，我就觉得无聊，于是玩了起来，把两根手指当作小兵打来打去。班主任想让我来个措手不及，便点我的名。我假装回头去看书本，然后毫不迟疑、一字不差地继续朗读。整整一年，她都在试图把我逮个正着。最后，她应该是总算明白了，这都是记忆力的功劳。因为，学区督学来视察的那天，她点名让我背《鹈鹕》（*Le Pélican*）［阿尔弗雷德·德·缪塞（Alfred de Musset）的诗作。——译者注］。那位督学的一只手戴着灰色的羊毛手套，可上面只有三根手指。我照做了，甚至还加上了她每次念给我们听时所用的语气。“它在静夜里长啸——着一声悲切——的永别，令海中的鸟儿逃离——岸边——，让旅者流连——滩前——，感知死神逼近——的它切切求告——上帝……”每四五个词，我顶多认识一个，而且我很确定，我想出来的那种美化音素的方法，与词义或拼写都毫不相干。我纯粹是在鹦鹉学舌。

但自从班里来了个新生米歇尔（Michel），我很快就下定决心，一定要学会把读音和拼写关联起来。因为我听到了他是怎么说话的。他是从法国来的法国人。他爸爸是检察官。他讲起话来和我们完全不一样。最先让我震惊的，是听到他说“menton”（法语单词，意为“下巴”，国际音标为\mɑ̃.tɔ̃\。——译者注）这个词。他在发“en”和“on”时，两者的区别十分明确。我们呢，或者说我们所有人，念出来的都是“monton”！就像我们讲“éléve”，而他讲的是清清楚楚的“élève”（法语单词*élève*意为“小学生”。*é*和*è*的发音区别在于前者开口较小，后者开口较大。——译者注）；他读“forêt”，而我们读出来的是“forét”（法语单词*forêt*意为“森林”。*ê*和*é*的发音区别在于前者为开口较大的长音，后者开口较小且非长音。——译者注）。从此，我变了个样，什么开口音符、闭口音符、长音符，都难不倒我，那些“en”“on”“an”也是如此。我倒是没有沾上“装腔作势”的口音，讲话的口音还是和大家都一样，只不过在我的头脑里，一个个词都写得正确无误。

话说回来，尽管我鹦鹉学舌的本领了得，但我一本书都没有。那本我凑过去假装朗读的课本，是我同桌的。一天，班主任叫大家带一本地理书到学校来。我告诉母亲的时候，她显然完全没听懂这词的意思，但她让我跟她去一趟“地窖”的地窖。那个地方在地下室，得走一段漆黑的楼梯。她带了些火柴和一根蜡烛。整个空间一被照亮，我就发现了一个正在运作的发动机——那天晚上，达尼向我解释，那是肉店冰箱的发动机——还有不少箱子，其中的一部分装满了一卷卷含脂羊毛，还有一些则装满了书。母亲在书箱边立定，让我看看里面有没有我要的书。我翻找着，忽然翻到了一本标着“地理”的厚书，书名下面用稍小的字母写着：“法国本土和海外省”，再下面用更小的字母写道：“初中三年级与职高预备班”。我当然是一个词都看不懂。然而，这几个词追随了我许久。“海外省”一词，我应该是在二十来岁认同了它的逻辑和意思的——要真正接受可没那么简单啊！而“法国本土”（métropolitaine），则始终不清不楚，直到我做精神分析治疗时都还困扰着我。可是都过了这么久了，我早该去搜索它的意义和词源了。总之，我拿了这本书。我把书带到了学校。科迪度小姐叫我们拿出书来放到桌上，我也照做了。她走下来，一排排地扫视。到了我这儿，她停下脚步对我说：“等你用上这本书的时候，你差不多都能做老师了。”

另有一次，我的同桌罗歇（Roger）很乐意地借给我一本书，让我第二天还。那是埃内斯特·拉维斯（Ernest Lavisse）写的《法国史》。一回到家，我就翻看起来，跳着读了些章节。我的目光停在了一幅小版画上：一个戴着帽子的年轻人坐在那儿，正拿着一根木棒在地上画画。版画的描述上写着："年轻时的拿破仑在布里埃纳（Brienne）军校度过课间休息时间。"我把整页都读了一遍。大意就是，拿破仑经常独来独往。他课业优秀，但同学们常常嘲笑他，因为他个子矮小、肢体笨拙。他们为此把他的名字叫成Napoléoné，"la paille au nez"（鼻子里插稻草）的谐音。我对拿破仑产生了深深的亲切感，因为我和他一样，我也课业出色，别人也总嘲笑我。实际上，这是我整个学生生涯的常态，是我不得不去适应的。很长一段时间里，我一直苦于不受欢迎，无论我的学业多么拔尖；而那些又懒又笨的学生却正相反，原因仅仅是他们打起弹子来所向披靡，或是跑得快，又或是年龄大一些的就加入游泳队、足球队或篮球队。写到这里，再寻思起来，我观察到，我们所谓的"发达"社会不也正是如此吗：数以百万计的电视观众追随着各类体育节目，而国际象棋的世界锦标赛甚至都无人转播！只是因为体育节目扣人心弦吗？若果真如此，为何人们对交响乐或歌剧之类，却不见得有同样的痴迷呢？还是说，这是在我们大脑最原始的区域里影射：我们身为原始游牧部落——现在也许仍然可以这么说——的保卫战士，以体力与灵巧性为重？我不得而知。

在这个班级里，我经历了些事情。这可能是我受窘次数最多、最常丢脸的班级了。比如有一回，我们快要从铅笔改用蘸水笔了，班主任便让我们带一张吸墨纸来。我照样告诉了母亲。在我们的语言里，我找不出能对应这件东西的词。于是我向母亲解释，那是一种粉色或绿色的纸，专门用来吸墨水的。她把一张包装纸拆了出来，那灰色的纸被拧过，皱巴巴的，原先包着鹰嘴豆。她将纸摊在桌上，用手掌抚平，然后拿起剪刀，剪下一片长方形递给我。我提醒她，这纸片既不是粉色的也不是绿色的。她反驳说，既然都有粉色和绿色的了，那就可以有灰色的。为了向我证明这就是我要的纸，她朝上面弹了几滴水，水滴转眼就被这毛纸吸收了。我相信了母亲。我把纸带到了课上。我们在各自的本子上用墨水抄写黑板上的一个句子。随后，班主任叫我们拿吸墨纸擦拭刚才写的内容。我照做了，别人也是。但当我掀开我的吸墨纸时，那一页纸布满了大摊大摊的墨渍！

那时还有礼仪课呢！这课真是没劲透顶。每次都是小个子布兰（Brung）被叫上讲台。他得向全班解释怎么用刀叉、水杯、餐巾。我真庆幸自己不是他。在我家，没刀、没叉，也没餐巾。吃饭的时候，我们都席地而坐，一人一个餐盘放在台布上，用手指直接分饼或取饼，在同一个容器里喝东西——这容器叫bott，圆柱形、铝做的，配了一个黄铜的杯柄。说到这儿！唉，这用餐的情景，可不包括房东太太来收租的那几次。母亲求她再宽限几天，她被惹毛了，抓起一堆盘子摔在地上，然后离开，任凭我母亲哭成泪人。那是个很美的女人，而这事让我很难过，非常难过，不单是因为母亲一次又一次流泪，还因为我不明白，一个这么美的女人，怎么可能会这么坏。妮娅，她却是那么善良！尽管如此，日子还是要继续。在凑到买新盘子的钱之前，我们先拿那些没摔坏的盘子轮流吃饭。

不过，拉勒芒并不是我上的第一所学校。在这之前我已经上过两所了。

最早的那所，是我们刚到那会儿我去上的。学校在犹太会堂的附楼里，只有两个班级。学校里的所有人，不仅是学生，就连男女老师都是犹太人。我问过达尼，为什么那儿只有犹太人，他回答说，这是专门给犹太人上的学校，因为犹太人再也没权利进其他学校了。我追问他为什么。他说，大家都不喜欢犹太人。咦，我想到，那么在会堂里和他吵起来的那些犹太人，他们是不是犹太人呢？因为他们也不喜欢犹太人啊，或者说不喜欢我们这种犹太人。是不是由于我们这些逃难来的是法国人，而他们却不是法国人？我吃不准。我不觉得那时我们有什么能让别人辨别出来的特征。一直到很久以后，当我1955年去的黎波里的法国大使馆调查时，我才发现真相。真正的缘由应该是这样：我们里里外外的一切，都让他们想起《克雷米厄法令》颁布前在世的先人。我们的到来，引起了一种叫作“心理剧”的反应。他们说，他们认为我母亲的土耳其式服装很羞耻，她应该穿成法式才对。他们说，我们应该改改名字，尤其要改掉犹太名。我不知道阿尔多（Aldo）是不是犹太名。我的班主任阿亚什（Ayache）小姐，是我们家对面杂货店老板的女儿。她留着长头发、戴一副眼镜，总是笑盈盈的。还有护士科昂（Cohen）小姐，专门给我们打一种叫“疫苗”的针。有时候和她一起来的有卡蒙（Kamoun）医生，他也没有权利工作，尽管他是全城唯一的外科医生。我不记得在这所学校里待了多久。后来，有好几年我每周四和周日都会回到那里，为了上“米德拉什”（*Midrash*，犹太教对律法和伦理作通俗阐述的宗教文献，拉比解经用的布道集。——译者注），就是人们对犹太学堂的别称。拉比对着四十来个年纪、程度都不同的孩子，尽其所能地教我们读经和祷告。说白了，那儿就是某种形式的托儿所，我没学到什么。除了一件事：我和同学们一样，也对《妥拉》里的英雄痴迷不已。这些英雄的故事是按单元教的，我们每周学一章。如此激动人心又引人遐想的神话，本该让我们的信仰更坚固的。我已经觉得自己的信仰在动摇了，因为我眼看着哥哥们和母亲随随便便地对待律法里的规矩。其实，这城里的犹太人都是这样，哥哥们和母亲就是跟他们学的，但我们刚来的时候，全家人可是循规蹈矩到了极致。日子一长，我心里只剩下对犹太节日的尊重和我在礼拜上听布道时发自内心的喜悦。当然，我的喜悦是因为会堂里写成小调的乐曲，也是因为我在那儿听到的语言。这语言的音位，和我的母语是那样地相似。它又是一种我不必使用、甚至不需要理解的语言。何等有幸！我做我想做的犹太人，正如每个犹太人按自己的方式做犹太人一样。

我还是回到那遥远的年代吧。一天，沙乌勒带我去了另一所谁都可以上的学校，就连犹太人，还有我们这种犹太人都能上。这所学校叫作“幼儿园”。校园很大。

里面全是人，到处都乱哄哄的。我不喜欢这种环境，就在亭廊下的一条板凳上乖乖坐着。拉福雷（Laforêt）太太是个上了年纪的妇人，体形很胖，我很爱看她给那些大小便拉在身上的孩子换短裤。我可是从来都没尿过裤子。我的班主任是拉代（Ladet）太太。她人很高，穿着一件粉色的罩衫，黑色的头发、长长的鼻子。我从没忘记过她。并不是因为她教了我什么——我几乎听不懂她讲话——而是因为发生了一件事，而且这件事深深地伤害了我。我的同桌是一个姓哈桑（Hacène）的阿拉伯人，鼻孔里总挂着鼻涕。他不停地打我。一天，我决定下午不回学校了，以后也再也不去了。母亲和哥哥们责备了我，沙乌勒责备得特别凶。不管我怎么尖叫，他还是把我拎了起来、死死抱着，直走到校门口。我哭了一个下午。但放学出来，我眼前的一幕更加糟糕：我的母亲，穿着 zdad[1]、披着蓝色的 framla[2]、包着头巾，正和拉代太太说话，而比她高得多的拉代太太正俯视着她。可她怎么

---

1 奥斯曼式女装的组成部分，具体来说，就是将一幅宽大的布料经巧妙折叠后在胸部上方束紧，同时把布料的其中一端做成肩带挂在左肩，以此作为固定。穿着时，该部分须套在一件颜色相匹配的薄纱衬衫外面。这幅布料通常是彩色的，相当美丽，我母亲穿的那些都是如此，但我实在欣赏不了，因为它们太异乎寻常了。

2 奥斯曼式女装的另一个组成部分，即一件丝绒坎肩，精致的银色镶嵌令它格外醒目，还配有同种金属做成的球形纽扣。

会想到要来学校的呢，尤其是她还穿成这副模样，这副被城里的犹太人嫌弃的模样！我纳闷的还有，她连一个法语单词都不会讲[1]，那要怎么让别人听懂她说话呢。我听见她对班主任吐出几个勉强认得的意大利词，讲得七零八落，班主任则点着头。接着，讲到某个时刻，她把手悄悄伸到zdad的上装下面。她从那儿拉出一包我很熟悉的白色麦芽糖，上面还有粉色条纹。这糖还有点儿化了，黏附在透明的包装上。看着这包讨人厌的东西被递给班主任，我感到羞耻至极；才没多久，我就被后者突然表示的热情关切吓了一跳。

从此以后，我再也没有为上不上学惹过麻烦。我实在太怕看到母亲穿着让人耻笑的衣服再次亮相。不过，她到最后还是让了步，虽说是一点儿一点儿让的步。她是迫于我哥哥们的施压才这么做的，尤其是布拉米诺。他们受够了别人的指指点点。他们还不停地拿她自己的格言警句提醒她：“若某个国家收留了你，你就应该顺服它的法律、规则、习俗，直到最后顺服它的殡葬礼仪。”她先是舍弃了以前出门必会套上的白色zdad，然后把普

1 直到她1983年在巴黎辞世，她从没有讲过一句法语。

通的zdad换成了一条宽松的长连衣裙。但她花了好久才肯摘掉头巾、露着头发出门，不过，她的头发上始终还是罩着发网。

她常常会唱起一首悲歌："我啊，我是流亡的异乡人，无人怜悯的异乡人……"我的内心存留着一种感受：无论我们做什么，或是能做些什么，我们永远都是外人。最好的证明就是，即便我们从1942年到1954年一直都生活在奥尔良维尔，那里的犹太社群却从未在乎过我们的名字，仅仅用"逃难的"称呼我们。

然而，我们不缺关注，也不缺好感，即便有时更多的是好奇。阿拉伯人对我哥哥们口中的利比亚充满兴趣，因而待我们格外殷勤，除此之外，家里孩子和我差不多大的犹太人，都为我出色的学习成绩感到惊奇。

还有那么一天，我们接待了路易吉（Luigi）。他是个意大利囚犯。那时他在铁路上干活。他之所以来拜访，是因为他听说我们家讲意大利语。多亏了他，我们的生活有了重大的改变。他先是捎给我们一口小铁桶，里面是什么原理我也不清楚，总之他让铁桶里烧起火车用的炭来。这可比火盆烧得暖多了，也烧得久多了！他还在上面安了个做饭用的烤架。母亲很欢喜，每次都煮咖啡给他。他并没有就此打住。他用玻璃瓶为我们做杯子。我不知道他是怎么做到的。他绕着瓶身围一条铁丝，切开瓶子。切得低，就做出一个普通水杯；若是切得高，他就会带走，装个金属的杯脚后再带回来。这样一来，我们每个人都有自己的杯子了！他还帮我们造了些收纳的柜子，又想出了法子，让下水道口再也不堵了。因为堵塞是常有的事，天井里往往一淹就是好多天，直到房东太太终于把水管工给找来——当然，臭味弥漫就更不用说了。他人真好，路易吉，他真是好人。他只会讲意大利语。一天早上，他特地来向我们道别，因为他不得不离开这座小城了。母亲煮了杯咖啡给他。

还有那位正派的科昂（Cohen）先生，常常会来看我们。他又老又愁苦，还瞎了一只眼睛，骨瘦如柴。他的脖子上系了条毛巾，里面兜着他的左胳膊。他衣服上的有些地方被撕坏了。他从来都是胡子拉碴，头戴一顶鸭舌帽。他问候我母亲时总带着满满的敬意。母亲就停下手里的活儿，给他倒一杯咖啡。后来，从某天开始，他再也没有来过。想必，那时的我觉得空落落地。我甚至一来劲儿，拿了条抹布，绑在脖子上，把左臂挂了进去，然后满天井地走，一边大叫："我是科昂先生！"不知为何，母亲异常愤怒，破天荒地训斥了我——因为她极少责骂我。她那斥责我的长篇大论，我没听懂多少，只明白了一件事：永远不要模仿别人的缺陷，因为这么做和嘲弄无异。

她说得没错，残疾，是令人难堪的，也是不易承受的。过了一段时间之后，我有了切身体会。

我并不知道自己是近视，虽说我已经到了必须起身走到黑板跟前才看得见字的地步。我从初中才开始戴眼镜，因为那时城里总算开了一家眼镜店。我更不知道自己听觉不良。这导致我有时会听不到别人的发音，或者理解不了词语的意思。比如有一天，班主任M先生指定我去B老师那儿要“chants”（法语单词，意为“歌唱”。——译者注）的钥匙，我还以为他想派我去找什么奇怪仪器的钥匙呢。我知道他说的是“什么什么chant”，但我没能听到或者没能理解“guide”（法语单词，意为“指导”。——译者注）这个词，后来才明白他说的是“guide-chant”（可译为“练歌琴”，旧时学校音乐课或歌唱课教师使用的便携式小型簧风琴，仅44个琴键。——译者注）。B老师说钥匙在L老师那里。L老师让我去找C老师……就这样，我把所有班级跑了个遍，一本正经地对每位男女老师都叙述了一通我的漫长苦旅。我见到的最后一位老师，是隔壁某个班级的教员，在那儿上学的都是不会说法语的阿拉伯小孩。他听我讲完了这段历险的来龙去脉。他用忧郁、同情的眼神看着我，什么意见都没给，只对我说，回教室去吧。他是个饱受伤害的男人，因一次交谈而出了名。那次交谈在全城被传得沸沸扬扬，对方是一位邮局女职员。他很喜欢穿成阿拉伯风格，只要不上班，他就会套着灯笼裤、包着头巾、穿着无袖长衫。站在她面前时，他就是这副打扮。她朝他喊道："唷，穆罕默德（Mohammed），你要啥？"他回答道："小姐，跟邮局的话，要一张10生丁的邮票；跟您的话，请给2苏（1苏等于5生丁，2苏即10生丁，和上句提到的价值相同。——译者注）的尊重。"当我回到班级时，迎面而来的是所有同学的哄笑和一片震耳欲聋的喧哗。吵闹声中，我听见有人说："愚人节快乐！"我一丁点儿都搞不懂愚人节是什么玩意儿，就算几个哥们儿努力向我解释，我也还是理解不了；而对那叫作"clef des champs"［*clef*意为"钥匙"，*champs*意为"田地"，与*chant*（歌唱）发音相同。在法语中，*clef des chants*是固定短语，意为"歌谱上的记号"。作者在此应该是有意为之，从少时自己的视角张冠李戴。——译者注］的东西，我更是弄不明白。

又是一次关于孤独的经历！若我当时没有因此遭受

指责、它没有为我招来讥笑和羞辱的话，也许我就得过且过了。

还是在小学四年级那年。课间休息时，我被保罗（Paul）狠狠地撞了。他是个有点儿粗鲁的男孩，和我住在同一个街区。我一言不发、背贴着墙。他伸出拳头，试图继续打我，我一边躲，一边叫他停下。渐渐地，围观的人多了起来，越来越兴奋地煽动他继续打，也越来越激昂地骂我懦夫、胆小鬼、不敢还手。他呢，是个英雄，而我呢，开始被人公然唾弃了。我没有再忍，使出浑身的劲儿，对准他的鼻子就是一拳。他立刻血流如注，嚎叫起来。班主任，也就是上面说的那位M先生来了。那些一块儿喊叫的人，控诉我殴打比我年纪小的人，但这根本就是假话，保罗和我一样大，是个三年级的留级生。班主任甩了我两个耳光，还惩罚了我。午后的大部分时间，我都在教室里流泪，心里想着，人生真是太凄惨了，我蒙受的冤屈，和我读的那本书里的主人公大卫·科波菲尔（David Copperfield）一样。那一刻，想到阅读带给我的喜悦、又想到我还有那么多书要读，我就得到了安慰。这都得感谢布拉米诺，是他送了我一张图书馆的借阅卡。我记得在发生这件事的几年之前，有一天，他在街上碰见我站在书报亭旁。我向他要10个苏。他问我要拿这钱做什么。我回答说，为了买本书。他把10个苏递给了我，说道："以后，只要你想拿钱买书，就可以来找我，我会给你的。"

在这一切之中，最稀奇的就是，我竟对自己所有的发问、所有的难处和所有的痛苦，都记得一清二楚。

我能记起在这事的多年之前，当我们学着在双倍行距的本子上写字时，我付出了多大的努力：小写字母"e"把我折磨得甚苦，却偏偏得抄满整页。我集中精力，把铅笔的笔尖对准该放的位置，双眼盯着黑板，让手跟着黑板上那个字母的曲线移动，居然画了个"6"！我重新再来，放慢速度，更加聚精会神，却得到了同样的结果。写了满满一页的"6"之后，我才成功地描出了人生第一个"e"。

还比如有那么一回，就在第二年，我们得填一张表，交代父母的职业。在"父亲的职业"这栏，我写上"死了"；"母亲的职业"这栏，我写的是"在家"。班主任太太走到我跟前，问我父亲是怎么死的。我其实是知道的，他那种病的名字，叫作糖尿病，但我只知道阿拉伯语怎么说，实在羞于把它翻译成"甜的尿"。恰好那时常有人对我们讲起肺结核，还让我们用卖邮票本的方式抗击肺结核，既然如此，我就对班主任说，我父亲死于肺结核。这话立刻引起了恐慌。我被赶回了家，还被勒令去看医生，必须得让医生来决定我能不能返校。

还有一次，我把达尼借给我的钢笔带去了学校，却弄丢了。还有一次又一次，遇到弹子比赛或是其他游戏要组队，我总被撇在一旁，就算是老师组织的游戏也是一样。似乎命中注定我永远都只能留在局外。

回忆接连涌上心头！

最近这几年，一个特殊的回忆把我缠住了，让我陷入了漫长的沉思。还是四年级的事。我走在放学回家的路上。那时正值初夏。人们给树木浇足了水，树脚下紧挨着的排水沟里，还有水在流淌着。我停下脚步，把书包放到地上，动手做起了水坝。两个小女孩从我面前的房子里走了出来，而我正满手都是泥巴。我认识她们。她们是一位有钱农夫的女儿，一个六岁，一个五岁。她们显然是刚洗过澡，头发还湿湿的，两个人都穿着雪白的欧根纱连衣裙、雪白的短袜，还有雪白的皮鞋。她们目不转睛地看着我，但在犹豫着该不该走过来。于是，我用水冲了冲手，往我的罩衫上擦了擦，打开书包，取出课堂作业本，翻到某一页，对她们说：“知道吗？你们看，我是班里的第一名。”

在这幅马赛克般无边无际的回忆拼图里，我应该是将其中的许许多多都告诉了我的孩子们，而其中的每一片回忆，显然都用它激发的情绪遮盖了那难以承受、无法理解的内容。接下来，我是不是还要往拼图的深处继续挖掘呢？

我曾这么做过，并坚持了很多年，每周三次，用法语和我的母语讲述。这张由能指的长链结成的大网，被拆开了。我为这场历险画上了圆满的句号。

毫无疑问，如此一来，浓雾变得薄些了。

但我不能肯定，它是否已彻底消散。

无年无日

字词的分量

无年无日

1986年6月初，特拉维夫（Tel-Aviv）的丹（Dan）酒店。

尼诺（Nino），我的一个表侄，来接我们出去用晚餐。我是在他清早去机场接我们的时候见到他的。他帮我们办了某个行李箱的报关手续，这箱子里装着医疗用品，都是我生了病的大哥布拉米诺要用的，而我是陪他来朝圣的。此时，我和尼诺正等着我大哥用完药后下楼。

我从1945年起就没有再见过尼诺。那一年，他们一家从奥尔良维尔离开，回到了利比亚。他走的时候，我还是个孩子。他主动聊了起来，而他话一出口，就让我吃了一惊。他没有跟我聊我们的旅途、早上的报关、我们日程的安排，或是我们计划中的朝圣。他也没有跟我聊他的家人或他自己，更没有对我的近况或我哥哥姐姐们的近况表示兴趣。他一上来就发表了一段激动、热烈又言辞恳切的话语，只为要我相信他是无辜的，我哥哥沙乌勒在他全家离开之前的溺毙不是他造成的。我见他一心要回头去讲四十多年前的旧事，觉得很奇怪，何况我们所有人都早已把这件事放下了。但他还是继续讲着，告诉我他花了很长的时间周游世界，干过各种各样的行业。他曾在亚马孙丛林当伐木工、在美国做厨子、在加拿大做渔夫、在南非当挖土工、去西伯利亚开起重机、在日本当司机、又在马来群岛做水手等等。可是，这场悲剧一刻不停地追着他。应该说，他无时无刻不在试图忘掉这件事，但照我的理解，他始终都做不到。这件事让他陷入了深深的自责，他可能也在终日尝试着逃避这份罪疚感，因为有人曾责怪他，说是他把沙乌勒拖进了这趟致命的野泳。这份罪疚感一直纠缠着他，甚至跟到了以色列——如我先前所知的那样，他最终定居以色列，并在这里安了家，至今已二十多年。也许他认为，对我这全家唯一一个没有责怪过他的人讲一遍事实经过，自己就终能卸下这份重担了；可我是因为那时还小啊！我开始更用心地听他叙述，用心之深，以至于这位已故兄长的影子跟上了我，甚至在我的精神分析治疗中占据了很大的部分。

那是8月的一个周六，他说道，天气很热，非常热。他正在一间咖啡馆里看人打牌的时候，我那和他同龄的哥哥来找他，提议一起去契立夫河（Chélif）泡澡。整座城就是围着这条河建的。他不肯跟着去，理由是他没带毛巾。但我哥哥再三坚持，他最后只好同意。他们两人都不会游泳。他们来到河边的某个位置，看见一个他们稍微有点儿脸熟的阿拉伯人刚从水里出来，正在擦身。我哥哥对水的深度一无所知，就这么跳了下去。才一会儿，他的脚就碰不到河底了，就算他拼命挣扎，身体还是在往下沉。尼诺说，自己急切地跑向那阿拉伯人，求他帮帮忙，说自己不会游泳。阿拉伯人拒绝了，说那是个犹太人，他绝不帮犹太人，说完就走了。

至于那些他觉得有必要让我知道的细节，我在此就省去了。他期待我给予他的宽恕，我也不提了。我只是对他说，我毫无保留地相信他的陈述。我也不知这句话是否会让他感到宽慰。

我还是略过上述种种，回来聊聊沙乌勒。

从我老幺的角度来看，我早就注意到了他在所有兄弟姐妹中的特殊地位。我们差不多都长得很像。只有他不一样。他相当英俊。他的五官很端正，而我们的面相都很粗犷。他长着褐色的直发，而我们的头发都是黑色的，不是小卷儿就是大波浪。他的眼睛是绿色的，可我们都是深色的瞳孔。他比我大八岁。他在布拉米诺的裁缝车间里干活。他每月的工钱都被母亲收走，但母亲总会给他留点儿零花钱，他就拿这些钱去学钢琴、练健美。我仿佛又看到他坐在露台前的台阶上复习乐谱，一边唱着音符、一边用脚打着拍子。我仿佛又看到他在露台上练起哑铃，嘴里很有节奏地计着我听不懂的数。他常常送我去学校，我每次都可自豪了，因为他穿起卡其色的帆布短袖来，实在是太帅了。然而我发现，对那三个比他年长的哥哥姐姐来说，他是他们的眼中钉。布拉米诺的敌意，表现为他端起暴躁又苛刻的老板架势，责备不断。二哥达尼比他大四岁，他的敌意我总觉得难以理解。而大他两岁的吉塔、姐妹中最年长的那个，她的敌意就表达得十分直白：凭什么她必须得做母亲强迫她干的活儿，而他却可以想出门就出门，尤其是，竟然还给他学钢琴？

不过，我注意到，态度最异常的，还数我母亲。就好像她已经觉察出来，我们中间就他最不受待见一样。会不会是因为，他的名字和她外祖父的名字一样，就是那位她每每提起，不说“我的外公沙乌勒”，却唤作“我的父亲沙乌勒”的外祖父。我一直以为那是一种口头语，某天就问了她这个问题，她回答说，在利比亚的犹太社群里，外祖父的尊称是“父亲”！顺带一提，对难民而言，要融入接待国的语言、风俗和行为准则，从来都不是件容易的事。但当他成功融入后，再要去揭开原生文化中他尚未知晓的方方面面，就更难了。很久以后，我回过头来整理了一番，发现我母亲失去的四个孩子，恰巧都是照她家族里的人起的名字。其他孩子的名字，要不就是来自我父亲家族里的人，要不就是一般的新名字。在母亲的所作所为中，我对一些反复出现的情景记得格外清楚，但我都不明就里。比如，每当住在对面的女邻居把用水浇灭的火炭拿出来风干，母亲就会朝她大发脾气，说她把黑的东西摆到外面，就是为了给沙乌勒招来厄运。作为应对，她开始钻研一些赎罪祭的咒语，要把厄运反过来奉还给那加害他的女人。再比如，还有更难理喻的。盛夏的时候，为了避暑，沙乌勒就干脆睡在天井的地上，用一张床单把自己从头到脚包起来。母亲一看，立刻朝他跑去，硬是让他把头露出来，意思是只有尸体才会这么包着，要是弄得像石棺上的死者像一样，会招厄运的。他不想听她唠叨，就把脸露了出来，等她一转身就再盖上。她发现之后，同样的把戏又会重演一遍，有时早上醒来，还得再听一回同样的责备。

溺水事件发生的那个周六，我被托付给一户种葡萄的人家照看，我的两个小姐姐，维奥拉（Viola）和约兰达，则被托付给了另一家人。

之后的那个周六，我被送回了家。按照犹太人的丧礼习俗，那是头七的最后一天。只一眼，我就看遍了整个景象。母亲面无血色，坐在地上，额头围着一条纱巾，几乎认不出来了。露台前面的几级台阶上，姐姐吉塔在哭，她的闺蜜们围在身边，试图安慰她。这场面让我很惊讶，我心想，这里面有点儿解释不通啊。不知多少次，我听她朝沙乌勒大吼："（我真希望）你死掉[1]！"我这么想：

1 这是字面翻译。这句口语相当于法语里的"去死吧！"。

他现在真的死了，她该开心才对啊。当我注意到达尼衬衫背上的泥土痕迹时，我也一样震惊。有人向我解释说，在墓地的时候，他悲痛到了极点，倒在坟头上打滚。他也应该高兴才是啊。我真是搞不懂。

几十年后的一天，我在躺椅上（“躺椅”一词的解释请参见“写在前面”的“讲故事”部分，即本书第57页的译者注。——译者注）做某个梦境的分析时，我意识到，我应该也对沙乌勒发过要他死的愿。当年，我把姐姐和哥哥发的愿看得那么重，实际上肯定导致我抹去了自己发的愿。

我必须把这事弄个明白。于是，我去了母亲那儿，想向她问清楚。我对她讲了我的发现，问她能告诉我些什么。她没有片刻犹豫，明确地说：“是的，你发过要他死的愿”，接着立刻补充道，“但杀死你哥哥的不是你发的愿，而是他爸爸的诅咒。坐下吧，我全都告诉你。

“你哥哥溺水那周的礼拜一，他求我准许他去阿尔及尔（Alger）待几天，是跟一个开车过去的商人同行。他在那儿有个同龄的朋友，是会堂里一个当差的人的儿子。这会堂就是前一年我们暂住过的那间，那时候我们必须得回利比亚，但我们要坐的那艘船被弄沉了，所以我们走不了。礼拜三下午，他们俩去了港口，你哥哥想学游泳，就跳进水里。他差点儿淹死，多亏在场的抢险队员帮忙才保住性命。从水里出来以后，他吓得一直发抖，这时，岸上有个戴黑面纱的女人主动接近他，拿起他的一只手，说是要给他算命。他对这女人说他没钱。她放开了他的手，说有没有钱无所谓，反正不管怎样，他就快死了。他惊恐得不得了，一回去就从我们老邻居的店里给我打电话。那可是我这辈子第一次拿起电话。他说想要回家，但没钱买火车票，我就建议他找那朋友的母亲借钱。他照做了。他是礼拜四早上到的家。他朝我直奔而来，不小心撞到了你。你就对他说：‘你去死吧！’他一听，站住了，在你的手上打了一下，命令你以后不许再说这种话。

“喏，这就是你发现的那个咒他死的愿。但在我们的文化里，这个咒骂，这类话语，只不过是一种普通得不能再普通的说话方式。这都是些随便抛在空气里的词，连一点儿含义都没有，不是存心的，所以根本就无关痛痒。可有些东西就不一样了，它是有分量的，重重地压着你哥哥的命运。那就是你父亲的诅咒。

“那也是一个礼拜六的晚上。你父亲奄奄一息。我害怕极了，一直缩在卧室的门槛那里，实在没有勇气进去。

某个时刻，他叫起来：‘吉塔，拿水给我！’吉塔正在天井里和沙乌勒玩儿，她没听见。他改口再叫：‘沙乌勒，拿水给我！’由于沙乌勒也没听见，他就大吼：‘吉塔和沙乌勒，等我躺在坟墓底下的时候，我要你们做我脑袋下面的枕头！’”

我背脊发凉，甚至有点儿晕眩，而她接着说：“所以说，你哥哥溺水的事过了两年之后，当吉塔确诊得了阑尾炎，我就坚决反对那外科医生给她开刀。首先是因为，那个星期里已经有两个人死于阑尾炎手术了，但更主要的原因是，前一晚我梦见了我婆婆。她企图抢走我手里的一条被子。我一边反抗一边大叫：‘没门儿！没门儿！你已经有一条了，另一条我决不给你！’这梦很危急，非常危急。我祷告啊，我每天禁食，禁了整整一个月，最后吉塔是用青霉素治的，她康复了。”

我所了解到的事，并没有让我感到意外。实际上，这些都属于来自某种文化的看法，而我承认，自己从没下过决心要走出这文化。这些也都属于叙述，源自仅用口头传承的无文字社会，这叙述依靠的是回忆，它赋予字词的分量，是真真切切的，也是极其可怕的。

这并不是我第一次接触这类陈述。

我们的母亲，只要一和我们讲起她与父亲的过往，就能讲得出神入化；而她也总是不停地和我们提起父亲。以至于在他去世后两个月出生的我——他当年才三十六岁——觉得自己对父亲的熟悉度，远远超过了好多认识父亲的人。一天早晨，无病无灾的她，做了个决定：当晚辞世。她向我的一个姐姐解释说，这一定会成真，因为，从她失去他到现在的四十七年里，前夜是她头一次梦见自己在和他做爱。

她在自己预告的时间去世了。

她从来都很清楚什么时候开口、怎样开口。

我快十岁的时候，正读四年级。学校某天有当月最重要的考试，我却偏偏在这天病了。我病得不轻。我和她说起了心里话，问她为什么我病得那么勤。她回答说，因为我本就是从有病的根生出来的。见我一脸惊愕，她继续讲述道，有一天夜里，我那得了重症糖尿病的父亲把她弄醒，说他刚刚做了个奇怪又美妙的梦。天使加百列（Gabriel）从天降下，把手放在他的头上，对他说："我祝福你，约瑟（Joseph），将有一个新的分支从你生出[在我们的语言里，意为"分支"的词语，同时也意为"知道"]。""我们就这样有了你。"她用强调的语气说道。随后，她接着讲起，她怀孕那么多次，但我父亲从未像这次一样，如此用心地投入到她的妊娠期中。他常常轻抚她的肚子，说这将是个男孩。她反驳，因为之前她连着生了两个女孩，她担心男孩的道儿就这么被堵了。她说，他一听便宣告："无论是男孩女孩，甚至是不成形的肉块，我都会视为至宝，因为他给了我作为男人的尊严。"

从那以后，我再也没有生过病。

分支、知道（عرف）

根（عرق）

溺水（غرق）

我母语中的三个词，在一场治疗的过程中齐齐现身。我发现，将它们用母语写下后，它们的写法竟一模一样（经搜索，这三个词在作者母语——阿拉伯语中的写法如上文三个括号中所示；阿拉伯语从右往左书写。——译者注）。除了一个细节：第一个词在最后一个字母上有一个点，第二个词的最后一个字母上有两个点，第三个词也是在最后一个字母上有两个点，外加第一个字母上有一个点。可就在这时，我的精神治疗师做了个笨拙的操作，令我放弃了这条线索。稍晚些，我的分析以一个梦境结束，梦境里出现了能指 /lé/，而我只是研究了所指“lait”（法语单词，意为“牛奶”，发音极其接近/lé/，比其开口稍大些。——译者注）。

直到三十年后，当我挖掘记忆中贮藏的诸般联想时，我才重拾这条与传说中的三个点有关的线索。我又有了非同寻常的发现。这三个作为起始的词，打开了一条与三个点相关的线索，而这三个词，也在我父母、我哥哥沙乌勒和我之间，建立了联结。不过，这三个点并没有分散在三个词之间，而是聚集于阿拉伯语的书写法中。它们的作用，是为了区分发“s”音的字母和发“ch”（法语国家所指的*ch*音与中文拼音和英文都不同，音标写为/ʃ/，相当于中文拼音里的*sh*。——译者注）音的字母。这不就是沙乌勒（Chaoul）这个名字的词首吗？此外，阿拉伯语中，念“ch”的这个字母，名称叫作“chine”。最惊人的就是，阿拉伯语里确实存在一个读“chine”的词，意思是“laid”（法语单词，意为“丑陋的”。——译者注），这恰好又是能指/lé/的另一个所指（法语单词*laid*的发音与上文的“*lait*”完全一样，即发音接近/lé/。——译者注），同时，它的对立面是“美”，美如妮娅，美如那动人的房东太太，尤其是美如沙乌勒，也如一切令我驻足的美丽事物，包括艺术世界中的点滴……瞧这种种，错综交织、彼此牵动，以至于我无论逗留其间的任何一隅，别处便立刻纷纷响应。

精神分析，怎可能有“完成”一说？

伊斯利大街

无年无日

从1942年抵达，到1947年搬入一栋大房子为止，我们一直都住在“地窖”，也就是伊斯利（Isly）大街[1]46号。按我们今天的标准来说，这个地址高档而尊贵。事实上，伊斯利大街是奥尔良维尔的主干道，其他街道全都与其保持平行或垂直，无一例外。

伊斯利大街，是一条笔直宽阔的车行道，长约一公里，东接火车站，西达公园的南墙根。整条马路的两边，紧贴着两条宽约五至六米的人行道，每隔五米就有一棵高耸的榕树。榕树都被修剪得整整齐齐，深绿色的叶丛厚实又茂密。过了火车站大门，大街继续延伸，伸向铁

---

1 在阿尔及尔，也有一条伊斯利街，和米舍莱（Michelet）街一样，都是市中心的重要街道。或许其他城市也有叫这个名字的路，但我不能确定。我在巴黎住了许久之后，方才好奇这路名的出处。伊斯利是一场战役的名称，1844年，毕若（Bugeaud）将军在这场对抗摩洛哥军队的战役中获胜。当时，摩洛哥军前来支援埃米尔阿卜杜卡迪尔（Abdelkader），以阻止法国征服阿尔及利亚。

路管理部门所在的街区，也伸向再远些的苗圃。而另一边，过了公园，就是窑子——共有两家，一家接待法国人，一家给阿拉伯人用——再远处是三片墓地，分别是法国人的、犹太人的和阿拉伯人的。公园围墙的前端，有一根木头做的电线杆，上面一直挂着一块板，也是用木头做的，写着OFF LIMITS（英语，意为“禁区”。——译者注）。这可能是在美军进城扎营（在苗圃那边）时放上的，为了让士兵打消逛窑子的念头。

伊斯利大街有一个特殊之处。它东端从火车站大门开始缓缓下倾，西端以公园围墙为起点向下倾斜，两面斜坡在大街的正中央恰好相接。

若是从西往东看，左边的人行道比右边的更加气派。那儿的咖啡馆最多，而且，最漂亮的建筑、橱窗最好看的商家，也都在左边。另一边也有咖啡馆和商店，但远不及左边密集。值得一提的是，从斜坡接起的凹陷处望向火车站大门，中间的位置有一片塌陷的空地，又长又宽，四周围着铁丝网，背后的一座墙上写着大大的字：“法兰西输了一场战役，但没有输掉这场战争。——戴高乐将军”，字的周围是红白蓝三色旗。

大街的46号，离马路中央的凹陷处只有五十来米。

也就是说，几乎是在市中心的中心！这栋楼本身，除了“地窖”和我们的天井以外，是一座单层楼面的豪宅。宅子里住着屠夫一家，还住着屠夫两个女儿各自的家庭。屠夫是整个街区的业主。

我住在那儿的时候，年纪还小，对这一切的意义没有丝毫概念。我顶多是被近旁一座建筑物迷住了，它有股令人不安的魅力，是专门为一个叫保罗·罗贝尔（Paul Robert）[1]的人造的。我对他一无所知。那是一座喷泉，上方的半身雕像是深绿色的，颜色深到发黑。喷泉的两侧，是用白色大理石雕成的水中仙女，每一尊的胸部都相当丰满。有时，我会盯着那半身雕像端详许久，一边好奇，这整件东西究竟是想表达什么。端详完毕，我就会绕喷泉走一圈，走到地面铺满石板的大广场上。广场的名字和喷泉一样，中心有座音乐凉亭，我常常顺着台阶走进去大叫，就为了听一听自己的回声。

广场背后，隔一条街就是带顶棚的集市，它也在圣彼得-圣保罗教堂的左边。

1 罗贝尔曾任奥尔良维尔市长，阿尔及尔议会主席，在一场决斗中被杀身亡。他也是词典编纂名家保罗·罗贝尔（Paul Robert）的叔叔。编纂词典的保罗·罗贝尔生于奥尔良维尔，他以自己的名字为众所周知的罗贝尔词典系列命名。

喷泉对面、某条垂直街道的街角，有一间咖啡馆，它因圆形的一角而起名为La Rotonde（*Rotonde*在法语中意为“圆形建筑物”“圆亭”。——译者注）。每天晚上，这里都有人演奏音乐，门前的露天座挤满了人。在我们这些小孩子眼里，这间咖啡馆绝对是上演好戏的舞台，十来岁的我们看得津津有味，一幕都不肯错过。我们总在“清凉时分”过去，每天的这个时候，酷热正慢慢消退。我们守在对面人行道的树木后面，以免被人发现，也可以尽兴地观赏老米歇尔的滑稽把戏。这位老先生曾是城里有头有脸的人物。他穿得十分贵气，白色的亚麻西装、白色的领带和鞋子，外加一顶白色的草帽，鼻子上架着一副玳瑁边框的眼镜。才一坐下，他就从口袋里掏出另两副眼镜来，放在面前的小圆桌上。点了一杯茴香酒后，他抬起头，朝前、朝左、朝右到处张望，搜寻着女人的身影。一旦他瞥见某个年纪和体态看似都和他没多大关系的女性，他的一只手便急忙凑近桌上放着的眼镜，抓住他想要的一副，时刻准备着，等那女士离他只有三四米远的时候，就立刻拿掉脸上的那副，把这副换上。接着，他的目光就再也离不开这女士了，直到她渐渐远去、他总算觉得有必要重新换回眼镜为止。有那么一两次，我们甚至看到，当某位女士离他极近地擦身而过时，他兴奋地套上了一只名副其实的放大镜，双眼瞪得浑圆，生怕错过了眼前的景致——这景致可与体形无关，有关的只是臀部。米歇尔先生是位审美家。他以他的方式、凭他的高龄，让我们感受到翻腾不已的种种情绪，那些情绪，从我们内心的深处渐渐萌芽。

经过漫长的过程，我才一点儿一点儿意识到伊斯利大街有多么重要。那是当我长大一些的时候，了解到它有个独一无二的特性：在人们的口中，这是唯一一条他们打算“办”（该词的法语原文为*faire*，是法语中意义最广泛也是最常用的动词，可直译为“做”，也可根据相关名词进行引申翻译。此处经再三斟酌后，译者选择翻译为“办”。——译者注）的，或“办过”的街。

其实，无论是卡诺（Carnot）街、共和国街、乔治·克列孟梭（Gorges Clémenceau）街或布特卢（Bouteloup）医生街，那些和伊斯利街在地形上同样壮观的街道，都绝对不能用“办”来表达。绝对不行。“办”伊斯利街，就是参与一场复杂的仪式，是有专门的规矩的。在初三那年，我曾惊讶过一次，当时，我们那位相当出色的法语老师，在讲解一段出自阿纳托尔·法朗士（Anatole France）作品的听写段落时，提到了普罗旺斯小城镇里的林荫大道。我沉浸在自己的想法里：只有奥尔良维尔的伊斯利街，才能制造这独特的奇迹，而且是我日复一日见证的、怎么都看不厌的奇迹。

说起缘由，的确，后来的我，在埃利赞（Relizane）“办”过那条出名的大道［维克多-雨果（Victor-Hugo）大道］，在穆斯塔加奈姆（Mostaganem）“办”过拱廊，都再次见证了这份奇迹，但早在那之前，我可是尽情赶过那“仪式”的时髦的！

和我一起赶时髦的，有很长一段时间是乔治，接着是塞尔日（Serge），当时他是我童子军巡逻队的小队长，最后是让-皮埃尔（Jean-Pierre），我拉丁文课和阅读课的默契搭档，我们结伴的时间最长。乔治是我的理发师的小儿子，我初二时的同班哥们儿，身材很壮实——因为他练健美——而且，我们上小学的时候，有个恶劣的小混混看我不顺眼，他就常常保护我，以免我被欺负。他功课很差，什么科目都不行，只有法语除外。他嗜书如命。他十分喜欢缪塞（Musset），能把《四夜》（*Nuits*）里的每一首诗都一字不落地背出来，另外，他对泰奥菲尔·戈蒂耶（Théophile Gautier）也怀着奇特的痴迷。他自己会写些诗，我觉得他的诗都很美，而这些诗大多都是献给他母亲的，要不就是在讲他对母亲的爱。他住的地方，在某条与伊斯利街垂直的街道末端，离火车站大门不是很远。我们通常都会约好，“清凉时分”在十字路口会合。随后，我们沿着那条鼎鼎大名的漂亮人行道朝下坡走，每次都会在Progrès的橱窗前逗留。Progrès是城里规模最大的书店兼文具店，我们总爱看它展示的新书，看得心驰神往。我们心照不宣，以公园为目的地，到了那儿便折返，就这么来来回回地闲逛下去，直到黄昏。

在旁人看来，这种散步一定单调，但事实正好相反，简直是妙趣横生。因为我们收获的印象可谓五花八门。

时候越晚，越会有形形色色的人堆形成，每个人堆的特征，在我们看来都浑然天成。

年轻人的人堆，从我的位置看去，一般都在十六到二十五岁之间，他们或三两成堆，或五六成群。犹太人和犹太人凑一块儿，法国人——我们不说“天主教徒”——和法国人凑一块儿，但说是法国人，实际却可能是西班牙人、意大利人、马耳他人或亚美尼亚人。我们倒还是见过一些人尝试跨越族裔。比如邮递员舒克龙（Choukron）的长子曾和药剂师古迪勒（Goudule）的儿子们玩在一起，但众所周知，古迪勒以前是“火十字团”

的，还与戴高乐敌对。他们的交往没持续多久，没人知道原因。

这些年轻人，无一例外，全都来自所谓的中等阶层。有钱人和资产阶级都待在家里，或是互相串门。这就能解释，为何从比例上来说，街上的犹太人显得过多。不过，这其中可能还有另一个缘由。《克雷米厄法令》的废除，剥夺了他们的法国国籍。这对他们打击沉重，令他们受到极大的创伤。当他们的权利得到恢复后，他们便想要证明，自己不仅配得这权利，而且，就算贝当派的人弃绝了他们，他们当起法国人来比谁都优秀得多。他们让自己的儿子们穿着制服到处展示。他们甚至满腔热血，竟向征兵处告发了我的哥哥们。犹太教教务会的主席把哥哥们召到市政厅，当着管征兵的市长助理的面，宣布他们即刻入伍。陪同出席的母亲当场指出，他们是家里唯一的顶梁柱，只有靠他们去工作，全家才能勉强维持生计，没了他们，这一家就会饿死。市长助理几乎就要以“家庭赡养者”的合法名义免除他们兵役了，主席却拒绝了这个理由。他把我哥哥们训斥了一通，强调说，他们要是免除了兵役，就会严重危及整个社群的形象，所以他们必须出于与本教派同胞团结一致的精神同意征召。他还补充道，否则，他就要启动手续，把他们连着我们全家一起送回利比亚。接下来的一幕，为我母亲赢得了“勇敢妈妈”的美名。她从喉咙的最深处攒出一口巨大的浓痰，毫无征兆地一口啐进独眼龙主席唯独能用的那只眼睛里，大吼一声：“我这种犹太人，对你标榜的你这种犹太人感到羞耻！”助理原本就不怎么待见这位主席，这下更是忍不住大笑，二话不说就签发了我哥哥们的免除令。

在这些年轻人的人堆旁边，是被我们叫作“成年人”的群体，都快三十岁了。他们呢，更偏爱聚集在各种店面周围，时不时和商家聊聊，但也绝不会错过来往人群中的好戏。年纪更大的或是已经出双入对的，则喜欢舒舒服服地在La Rotonde或Hadjé咖啡馆［因阿尔丰斯·都德（Alphonse Daudet）在《达哈士孔的狒狒》（*Tartarin de Tarascon*）中提及此处而出名］的露天座就座，两间咖啡馆之间隔着Le Splendid影院；他们也喜欢去Couvreur甜品店的露天座点一份créponné（香草味美妙至极的柠檬冰沙）尝尝。

这所有人，永远都是一整套隆重无比的发型和穿戴，就像我们扮演小小社会学家时总爱说的那样，“拿平日当节日穿”。

可他们又怎么可能不盛装打扮呢？每个人都暴露在他人不放过一丝细节的尖锐目光之下，既然意识到这一点，大家也只能如此了！

瞧瞧，自从和食品杂货批发老板的儿子索索（Sosso）一起“办”伊斯利街，佩莱特（Perlette）就换了新发型和新妆容。一段浪漫的爱情，是不是正在萌芽？她父母该高兴了，因为她总算是远离了那法国人赞凯（Zinqué），而赞凯的父母应该也松了口气。跨族裔的配对，对两个群体来说都是噩梦，会让他们备受唾弃。

说到底，那些喜结连理的计划，旁人只可能知晓、见识，随后目睹进展、目睹它们开花结果、再目睹它们童话故事般的后续。听说，这事也有人走秘密交易，罗歇（Roger）的父亲，做谷物批发的，就曾企图把自己的女儿米丽娅姆（Myriam）嫁给医学生萨洛蒙（Salomon）。他向男方的父母承诺，会送小夫妻一栋安得下一间诊所的大宅子。

至于吉莱特（Gilette），她父亲有一间叫“Le Chic de Venise”的服装店。她将近二十六岁了——几乎是老姑娘了呢！——上个礼拜刚和一位阿夫勒维尔（Affreville）的公证处文员订了婚，那座城在八十公里开外，沿着去阿尔及尔的公路就能到。刚刚公布的，还有秋天的一场婚礼，贝尼卢兹（Benilouz）家的双胞胎兄弟，将迎娶阿尔及尔的两个表姐妹。兄弟俩都是珠宝商、三十好几，两个新娘都是小学教师。

还有那么一阵儿，吉戈（Guigo）的儿子——我们常说“谁谁谁的儿子或女儿”“谁谁谁的父亲或母亲”，并不是习惯表达，而是为了强调家庭关系的重要性——言归正传，那阵子，吉戈的儿子和后来成为他妻子的女孩公开亮相，结果变成了整日整日的好戏！首先，不得不说，他们俩都俊美极了。他呢，浅褐色的头发，浅到几乎金黄，还有蓝色的眼睛。她呢，浅浅的金发、眼睛也是蓝色的。尽是犹太人里不常见的特征。他应该有二十四岁了，专为他做马贩子的父亲管皮革批发仓库，因为干得实在厌烦透顶，就变得成天咄咄逼人。而她，她刚二十二岁，是因克曼（Inkermann）一位有钱杂货商的女儿。因克曼是四十公里外的一座小城。这些消息说明，一群群人之间碰面的时候，都会互通情报，每个人都会把知道的或是搜集来的事儿传给其他人。这一切，要是不添什么新料的话，本身都没什么大不了。这位年轻人，相当坚定地秉持自己的傲慢性格，索性决定不走寻常路，拿我们今天的话来说，尽可能地弄得越“拉风”越好，打扮出电影明星的派头——他主要以电影为参照。于是，他发明了一种搂抱的方式。他让她走在右边。两人的手臂在背后交叉，他的右手握着美人的右手，美人的左手握着他的左手。他们就这么走着，他的目光盯着天边、完全无视周遭，而她，则不知该看哪儿好。这前行的架势简直可以配上背景音乐，缓慢却有节奏的那一类，比如珀塞尔（Purcell）的《加冕进行曲》。

这么看，我们小小年纪，竟也会被这种思维状态传染、或者说控制，也就不奇怪了。我们既然什么天都不能聊——要和女孩子说话，必须先通过别人向她引见——就只能做做白日梦。

只有那个拉辛（Racine），我同班那个卑鄙的漂亮家伙！他一头顺直的秀发真是太好看了，有时只要一甩头就能服服帖帖。那天，我们不是正撞见他在搭讪吗？一个西班牙风情的迷人女孩儿，披散着棕色的长发，和他走了一路，看上去对他的花言巧语很受用。没人认识她，我们都不知道她是从哪儿冒出来的。她可能是某位新到军官的女儿，因为这曾是一个驻防城市。但他怎么会认识她的呢？而且，这六个月来和他一块儿“办”街的克里斯蒂亚娜·凡多利（Christiane Fandoli），她被他怎么了？他读书并不出色，他有表述障碍，但相当油嘴滑舌。我们的法语老师某天向他指出了这点，影射他花心。这让我们吃了一惊，因为我们从没见过老师们出现在街上。

偶尔，我会坚持要塞尔日或让-皮埃尔一起绕道公园，然后才折回。我留意到，那里是奥佩里（Opéri）家的双胞胎姐妹最爱去的散步地点。她们的父亲，是右侧人行道上、火车站大门前最后一间咖啡馆的老板。她们是如假包换的双胞胎，长得完全一模一样，很美，美到我只是远观就已经心醉神迷了。我不知道她们叫什么，甚至这辈子都从来没知道过。她们俩由哥哥陪着，这哥哥只要是有朋友们跟着，就会自以为极受欢迎。她们常绕着水池转悠，那水池里喷出的水给人一丝清凉。绕着绕着，她们不时会停下来，在石栏上坐坐。她们的一切都让我惊叹。她们的头发、她们的发型、她们的天鹅颈、她们的眼睛，还有她们小巧的鼻子。她们很像年轻时的贝蒂·戴维斯（Bette Davis），但更加精致。瓷娃娃！名副其实的瓷娃娃！有一天，我远远地走在她们俩身后，其中一个的围巾掉在了地上，却没有发觉。我捡起围巾，上前去还给她。她直视着我、道了谢。于是，我忽然懂得了有时会在书里读到的那句话："我差点儿晕了过去……"

我有必要特别强调，人们相互投射的目光，就算有时带着审美鉴赏的意味，却与色情一点儿都不沾边。如果我不提这句，我想，我这些不知怎么会重现的回忆，要追想起来就会不那么完整。我们这些个体都很清楚，在注视其他个体的同时，我们自己也被对方注视着。正因如此，每个人都力求自己入得了眼，不只在于穿着，也在于行事为人上必须有意地又显得毫不费力地排除任何低俗成分，比如嫉妒之情。虽说，情欲并不会就此缄默，但较之人们赋予廉耻心和谨遵家教的重要性，它自然就被搁在一边了。

然而，我们终究还是该推敲一番，每个人都以什么样的方式接受这场看与被看的挑战。我们可以认为，这其中有宗教渗透的介入，它引导每个人去表明，自己完全遵从了该宗教规定的道德准则。但以我个人来看，我还会加上另一股隐藏力量的介入，那就是毋庸置疑的阿拉伯文化影响力。因为，说起来还是叫人稀奇：关于目光、关于对"邪眼"的恐惧、关于预防和医治邪眼，所有地中海文明，全都发展出了一模一样的论调。

聊了这么久伊斯利大街下午的众生相，我却从没提过阿拉伯人。这可能会让人以为，他们都在城外生活，或者这座城被彻底欧化了。非也：阿拉伯人没有“办”伊斯利大街的习惯，但他们和“欧洲人”融和得非常密切，而照人们所说，“欧洲人”也是一样，和阿拉伯人水乳相融。北边有一条与伊斯利街平行的街，熙熙攘攘，其中的绝大多数便是阿拉伯人，或者更确切地说，是卡比尔人。不过，还有几条垂直的街道亦是如此，其中有一条因为卖油炸饼和异域香料而特别出名。伊斯利街朝西的上坡，有一间规模很大的布料和丝织品店，是姆扎布人开的。整座城里，大大小小的阿拉伯店家分散在各处，数不胜数。我们1947年搬家之后，周边的邻居大多是阿拉伯人。而且，医生、护士、药剂师、律师、军人、警察等等，各行各业都有阿拉伯人。小学和初中也是，班里的近半数学生都是阿拉伯人。这么多具体的例子，显然不会合某些人的胃口，他们恨不得把所有“黑脚”（原文为“*Pied-noir*”，蔑称，专指在阿尔及利亚出生的法国人。——译者注）都归入“逼迫阿拉伯老百姓挥洒血汗”之列——这句俗语也是专为“黑脚”们发明的。排外的社群主义是真实存在的。而社群与社群之间，也确确实实存在着一种高低等级。欧洲人，自认为比犹太人和阿拉伯人都要高一等，自然是看不起他们的。而犹太人和阿拉伯人则一样觉得自己比另两个族群都更高级，也一样看不起他们。人与人之间的关系被如此描述，可见，若非因为任何兄弟姐妹间都有这种相处模式，这样的情形必然耸人听闻、无法容忍。不过，事实上，某种形式的统一和相通依然存在着，佐证就如烹饪法、语言的独特成形过程，以及行为准则和名誉守则。至于涉及行政公务或司法时，法治国家一视同仁，除家庭法外。家庭法出自沙里亚（*Sharia*，伊斯兰教法。——译者注）。我在这里所说的这些，必然会让那些视殖民主义为反人类罪行的人不悦。但我做的，仅仅是身为目击者，为我所亲历的世界做证，而且是以异乡人的身份作证。某天，我与一位阿尔及利亚同行谈起了这些问题，他曾是我整个求学生涯的同窗。他承认了我所说的事实，同时指出，我只考虑到了城市的发展，国家里被“弃置一旁”（他本人的用词）的其他地方完全是另一番景象。我提醒他，论及法国本土自身的发展，人们大多不知，莫尔比昂（Morbihan）直到1956年才通电！

回到伊斯利大街和大街上的午后“仪式”，阿拉伯人对此毫不在乎。因为，目光被他们赋予了完全不同的地位。事实上，从发育开始就遮颜蔽体的女性，若是要被丈夫以外的男人看，是绝对不可想象的。如果有男人要进入的房子，和几间别人家的房子共用一个天井，他就得在进入前边敲门边高声叫唤："triq"——"借过"的意思。于是，里面的女人们必须在这个男人抵达自己的宅子之前抓紧各回各家。这是因为，女人的外貌，毫无疑问会唤醒男人的欲望，可能会导致他发挥想象力、想入非非，甚至贪慕起来，而不是满足于自己所有的。就像某句谏言说的那样，他"要是没有想拥有的，就爱他已拥有的"。这一社交管理规范，旨在教导、或者说强制人们对欲望的自主掌控力，但它与欲望本身具有的无意识活力发生不小的冲撞，也因而造成了一些问题：不满足感的最深处，静默却倔强，进而激发出一种好斗性来；可惜，人们过于匆忙地把这份好斗性诠释为一种脾性。

关于人们赋予目光的地位，上述这些对应规矩的反差极大，也解释了许多外表看来始终晦涩难懂的事情。

首先，就是阿拉伯人当中一直流传着的"邪眼"一说。这说法可能是阿拉伯人从犹太人那儿接手的，它是犹太人晨间仪式中一种特殊祷告的主题。学校教育让我皈依笛卡尔主义后，这说法在我眼里就立刻显得荒诞无比。我心想，一个目光而已，这么不具体、这么难以察觉、这么不可捉摸，要量化起来更是希望渺茫，它怎么就有害不害人的潜力或能力了呢？的确，从生物学上来讲，视觉和其他所有的感官都有实质联系。它有赖于所有感官的协助，在出生那一刻即被校准。可以说，视觉这个感官，发挥着杰出的合成作用。也许正是这个原因，引导有些人把眼睛比作“灵魂的镜子”。所以，目光可能不仅仅合成了每个人针对另一个人怀有的感觉，也是所有感官中将这感觉表达得最好的。它会抓住对众多情绪有益的场面，而这些情绪里，自然少不了爱意、诚意、仰慕、好感，也少不了嫉妒、羡慕、挑衅和仇恨。总之，是目光，调动着镜像神经元！只消钻研一番行为心理学的著作，或是钻研探讨沟通的著作，就会发现这一切与“邪眼”说法的核心完全相同，只不过指代的时候没有用“邪眼”一词，而是用了其他词语。

除此之外，这个主题还值得更深探究。

因为，若是回头来看，逛伊斯利大街的人和喊“借过”的男人们各自的实际经历分别是何状态，很容易找出区别。前者，是被观看的观众，当然是在想入非非，但想入非非的对象如此之多，多到幻想的触角伸展到了巨大的空间里、大量的客体上，以至于幻想变得平平无奇，只是简单地让他们意识到，自己对于引发欲望的主体是没有罪疚感的。而后者，由于那些针对他们实施的禁令，他们被剥夺了可能会耗尽他们幻想的种种客体，因此，面对心中欲望的庞大压力，他们只会觉得，这就犹如触犯了诫命一般让他们产生负罪感，而他们要与这种触犯行为抗争，就要通过好斗的方式，但这股好斗，首先就是冲着他们自身而来的。

我在做有关我母语的分析时，发现了一个奇特的事实，由此便发现了上述假设的一个可靠支持。

阿拉伯语，只有两种时态，和希伯来语类似：完成时和未完成时，某种程度上来说可以看作过去时和将来时。现在时，只是过去和将来之间既短促又飘摇的过渡，没有理由让人来留意，更何况它可能会令正在进行中的动作止步不前。若非要表达现在时，就要用到同位结构："我 商人 = 我是经商的"。动词"是"也一样。我们说："他曾是""他将是"。"是"没有现在时，但若必须要表达这个时态，就也要通过简单的同位结构来实现，例如，"我 家里面"的意思是"我现在在家"。这些均绝对有据可考，并且也应用于古典阿拉伯语。然而，奇特的是，北非的众多方言却似乎并没有满足于此。在这些方言中，kount表达“我曾是”、nkoun表达“我将是”，和古典阿拉伯语一样；但人们竟想出了一个办法，来表达“我现在是”。如果我们请一个惯用方言的阿拉伯人将动词“是”做现在时变位，他会不费吹灰之力地说出：rani、rak、rah、rana、rakoum、rahoum。由此可以发现，词根“ra”与过去和将来时的词根“kn”毫无关联。若有样学样地跟着他重复这些变位，同时请他把听到的变位反过来翻译成法语，他会回答“我是、你是”等等。我常常会十分投入地做这项练习。奇怪的是，在他自己的阿拉伯词汇变位中，他永远都不会找到可以确切表达“他看见了我、他看见了你、他看见了他/她”之类的变位。若是解释清楚、让他明白这一点，他必定既震惊又感叹。

惯用方言的阿拉伯人，又被叫作别人目光中的“被疏远者”。如果别人没看见他，他就不存在。因此，他必须要十分“出众”，才能被人看见，从而存在——就这么简单。这就是他们炫耀式行为的由来，而在伊斯利大街上闲逛的人，他们的行为就是其中一种。那么，“邪眼”应该就是指拒绝看正视现实状况、仅仅注重自身看法的眼，还真有点儿杀气！

各种文化都在互相渗透！

我曾访问过讲柏柏尔语的人，因为柏柏尔人的语言（应该说是“各种语言”，因为其中主要的就有五种）是北非的初始语言。早在腓尼基来的征服者创建迦太基城（Carthage）之前，该语言就已被整个北非的人使用。如今，在相当广袤的土地上，它的地位依旧如此，而这片土地，从利比亚而起、直到摩洛哥、延伸至整个撒哈拉。它还可能与古埃及语和埃塞俄比亚语沾亲带故。就这样，我了解到，柏柏尔人的语言里包含了现在时，就连动词“是”也有现在时。这算是胜利吗？当然是胜利！是被征服者之于征服者的胜利，或许，希腊语取代拉丁语，也是同样的道理？

所以，ramblas（西班牙语单词，意为“林荫道”，从阿拉伯语演变、借鉴而来。——译者注）、corso（意大利语单词，意为“大道”。——译者注）、林荫大道、天井、伊斯利街、维克多-雨果大道，还有许许多多我已知未知的……鉴于它们教给我们的、我们却不一定意识到的一切，它们的存在——我们可以这么说——是一件幸事。

一足着地

哀悼的尾声

1949—1950

我们在1947年搬进了另一栋房子，还是栋大房子，是达尼找到的——我们家从来就数他是探宝人、机灵鬼，天分过人又不知疲倦，把任何挑战都当作以名誉担保的使命，一一解决。

房子位于城郊，对面是毕若（Bugeaud）将军兴建的环城围墙。我们并没有因此离市中心过远。我走去学校的路只不过多了那么一点点儿。我们的邻居里，法国人、穆斯林、犹太人都有，人数都差不多，大家都相处得极其融洽，尽兴畅聊、互帮互助，彼此祝愿各自过节愉快，趁着喜事还会互相赠予蛋糕点心。

这趟搬家，让我们的日常生活发生了许多改变。我们终于有家具了。特别是有床了，分两间房放置，虽说整栋房子有五间房。这五间房，围着铺瓷砖的宽敞天井排列，而天井则用一顶很美的葡萄架覆盖着。仿佛在那之前，我们怎么都摆脱不了整整五年朝夕面对的紧密或者说拥挤杂乱的环境。母亲终于放下了火盆和Primus汽油炉（*Primus*是1892年创立的瑞士炉具品牌。——译者注），做饭时用上了瓦斯，瓶装的。她还打定主意，买了一个“餐厅”，放在其中一间她决定专门用来待客（很少见，或者说极其罕见）和过节的房间里。这个房间的隔壁，就是我们每天用餐的饭厅，安息日用餐也是在这里。

迫于社群环境的压力，全家不得不向主流看齐，可以说是逐渐变成了“有产阶级”。

其他从利比亚来的家庭都走了两年了。母亲放弃了这次回乡的机会，她解释道，当初她受到强迫，只能撇下我们父亲的坟墓，如今，是这片土地夺走了儿子的命，她做不到心甘情愿地撇下这个儿子的坟墓。她谨遵传统，每个月都会去一次墓地。对我哥哥的哀悼，成了为父亲服丧之后的第二遭，而这份哀悼，也由于每个人内心对他的负罪感而不断扩大。整个氛围都沉重得让人难以消受。

就在这样的背景下，忽然蹿出一件意想不到的事来。有个失业的表哥，住在利比亚的黎波里。他是当裁缝工人的，前阵子曾询问布拉米诺，能否来他手下工作。他们书信来往了好几周，商量并敲定了这个计划里的各种细节。布拉米诺的客户群规模扩大了很多，正愁供不应求，所以他很高兴能招到一个真正打得了下手的熟练工。至于我母亲，她对这事可是抱着些许兴奋之情，因为这表哥，是她长姐的儿子之一，她又格外喜爱这长姐。

于是，曼纳（Manna）在一个秋天的周四早晨突然现身我们家。曼纳是内桑（Nessim）的昵称。我还记得，自己一下子就喜欢上了他的特殊扮相。他很英俊，五官端正，偏分的头发很柔顺，我猜他梳的应该是意大利式发型。他的眼神里透着满满的喜悦和聪慧，灵气十足又有穿透力。和布拉米诺相反，他身形苗条修长，而布拉米诺虽比他年纪小一点儿，却已肥肥胖胖。他很自然地流露着优雅气质，而且，看起来似乎精力充沛得惊人。

这重逢的场景，要想象起来并不难：天井里、葡萄架下，一顿比平时久得多的午饭。除了整个家族，还有所有熟人的近况，以及我们老家和那里的犹太人社群的消息。我们的国家，正由英国托管，而犹太人社群，则始终处于警戒状态，因为1947年的黎波里那场恐怖的大屠杀对它造成了沉重打击，余波依旧未息。大屠杀的事，也被很详细地叙述了一遍。布拉米诺为了给店开门，就先走了。达尼花了不少时间打听最小的那个舅舅近况如何，因为在我们出发来阿尔及利亚之前，他把自己多年积攒下来的一笔小财托付给了那舅舅，心里总想着得把它要回来[1]。

下午的时间过了一半，曼纳想去布拉米诺店里，就请我带路。我们走在路上的时候，天空渐渐被云层遮蔽，还起了冷风。我的衣着足够厚实，但曼纳只穿着一件衬衫。我提议他把卷起的袖管放下来。他告诉我，绝对不行，因为一放下来，谁都看不见他戴着块手表了。我目瞪口呆。后来，在我这一生中，每当我要思考人类的沟通规则时，总会想起他的这个回答。

话说，这个回答还真是符合他的风格，我很快就注意到了这点。

因为，他会不惜一切地引人注目，而最厉害的是，

1 后来，他在1949年果真向舅舅索要，却得到回复：这笔钱早就被花光了！

他真的做得到!

他彻头彻尾地打乱了我们家对人际关系的一贯概念。

他从来都不是有意为之，却把我们——我们每一个人，都从哀悼和负罪的氛围里拉了出来。我从没听过母亲笑得那么频繁、那么发自内心！因为他可是从老家给她带来了讲不完的笑话和八卦，还都多多少少有点儿过火呢。她完全被迷住了，再说，我后来才知道，她曾指望着把我的大姐姐嫁给他，所以劝过布拉米诺一定要让他来这儿。这位外甥兼假定女婿对她的吸引力，远远超过了她自己的想象!

于是，每天晚上都和过节一样。每晚，无一例外!就这样持续了好多个礼拜，或者说好多个月。这全都亏了这位开心果。为了抓紧时间融入本地社群，也出于他自己乐意，他很快就决定把名字给改成马克西姆（Maxime）。所有人都开始这么称呼他了，只有我母亲除外，她一直都下不了决心。

每天晚上，我们都能学一首新歌，由他起头，我们试着跟着唱。他有一肚子唱不完的歌，都写得很好，很有才气，偶尔露骨，常常风趣幽默，总是充满诗意。每听一首，我都陶醉不已，直到现在还有不少留在我的记忆里。这些歌，都来自那个地方、那个文化，而从那文化中，我继承了语言、格言警句，还有哀悼逝者的沉重感，但我未曾想到，那文化还会将艺术孕育到这个程度。的确，我常听母亲唱起歌来，当然啦，是用我们的语言，可那尽是些丧事悲歌。但现在呢，生命的喜悦天天都不请自来，不是让我们沉浸其中难以自拔，就是把我们逗得团团转。听，这被拒绝的痴情人，朝他做梦都想娶的女子的父亲抗议来着。每唱一段，我们都笑得前仰后合。听，另一首歌里，一个情种全情投入地描述起他恋着的女子，描述得声情并茂又不厌其详。当针对身体的形象化描述深入到我们这些孩子不该知道的部位时，母亲就会把这歌喊停。除此之外，有些民间传言、对一些行为的揭发，也被写成了音乐，有时还会描绘人物之间的冲突，或者论战如何变得可笑起来。马克西姆没有新歌可唱的晚上，我们会要求他把某一首或另外一首再为我们唱一次。我们家可成了名副其实的歌舞厅了！而且，我们都享受得很。我是指母亲、我姐姐们，还有我，布拉米诺和达尼没那么享受。前者似乎是考虑到自己得守住老板的身份，而后者显然是不满大家对任何人给予过度关注。他认为自己才是配得上关注的那个——这也倒并非没有道理——内心期待如此，事实上却不是被关注的对象。这不正是那永恒的争宠话题吗？就像该隐与亚伯、雅各与以扫、约瑟和他的兄弟们、阿尔及利亚殖民时期的各个社群……

我们的歌舞厅，随着马克西姆发现布拉米诺的曼陀林，变得更有节日味道了。这曼陀林，是布拉米诺前一年去突尼斯旅行时带回来的。马克西姆将它独占了去，从此拿它来伴奏，纯熟的样子叫人惊奇。这下，他不用再像先前那样，把两把勺子贴在一起，中间穿把餐叉柄，靠勺子间的金属敲击声打拍子了。

他声称自己凭直觉就能演奏所有乐器。当时我正在学吹号，便把小号拿给他看。他接过来，然后，我刚给他演示了几种活塞的组合按法，他就立刻把它变成了又一个给歌曲伴奏的乐器。这可是个创举，因为他的那些歌曲，旋律都是用四分之一全音写的，在曼陀林上弹得出来，小号上却吹奏不出。他从来没有尝试过用小号演奏具体旋律，而是吹出某种形式的复调旋律，与主旋律毫不冲撞。后来，我曾见他在钢琴上弹奏各种法国歌和意大利歌，别人想听什么他就能弹出什么，手指灵巧得让人称奇；而他在为阿拉伯旋律伴奏时，他弹的方式与吹小号时一样。

我们的生活完完全全改变了。这么说还算是委婉的，因为，他还以决定性的方式，介入了我们的日常起居。每天，我们轮流用洗衣间的水龙头净手，每周去土耳其浴室洗一次澡。他觉得这种习惯不适合他，于是自己出钱，动手装了个淋浴设备，把花洒安在蹲厕那儿，靠一根长水管来给水，水管的另一头可以接在洗衣房两个水龙头中的任何一个上，而且谁都能操作。虽然，我们谁都没有特意去表达吃惊，但我们的生活，确实因此发生了深刻的变化。

他无意中创造的奇迹，为他带来了举足轻重的分量，再加上他的仪表堂堂，可能就是这些原因，让他参与到了我们家的财务中，也插手了我母亲在这方面又残酷又蓄意的不公正做法。

他们之间早先就商量好，由他付钱给我母亲，以此解决他的吃住。他认为，既然付了钱，就等于给了他最基本的权利，他也希望自己的这些权利被好好尊重，尤其是当我母亲分餐分得非常不公平的时候。单从我的角度来看，我早就注意到这点了，我也一直都愤愤不平，只不过我从来都忍着不说。给她大儿子布拉米诺的是一大份，给达尼的要少一点儿，给我的再少一点儿——男孩们显然比女孩们先分到食物……吉塔分到的要少许多，再就是维奥拉和约兰达了，她们分到的勉强算能接受，或者应该说是少得可怜。不得不说，我母亲最后才盛给她自己，说白了就是用水把锅底和锅边的一丁点儿残余刷下来。当马克西姆见他分到的比她给达尼的还要少，他不仅表示了抗议，还提醒她这种不公做法的波及范围和严重性。不难想象，此话一出，引发了什么样的冲突。不过，这件事之后，除了马克西姆得到了自己应得的那份儿之外，整个不公平的局面虽未消失，但显著地缓和了。

马克西姆会迅速变成本地年轻人里的风云人物，一点儿都不让人意外，更何况他的舞跳得好极了。可是，他居然在犹太会堂里也那么受欢迎，真是让我大吃一惊。他在宗教学识和能力上不如达尼——达尼在这方面是所向披靡的——可比起布拉米诺来，还是绰绰有余。于是，想到自己在这方面的平庸，我便开始好奇，利比亚的希伯来文化教学是怎样的。在那里，这是一门独立于意大利语教学内容以外的学科，与它的名头完全相称，配备了老师、不同程度的班级，甚至还有测验。和我参加的可笑玩意儿简直是天差地别！我曾听马克西姆和我哥哥们提起他们共同的老师时，布拉米诺提到了其中一位，说自己曾问这位老师，明明有书，为什么还要坚持让大家背经文。老师这么回答他："因为书，是烧得掉的。"这可是1933年的回忆啊！

马克西姆最后离开了我们家，在一家旅馆里找了间月租的房间。没过多久，除了安息日，他都不再来家里吃饭了。然后，我哥哥们和他之间忽然出了什么我一点儿也没明白的矛盾。鉴于我母亲觉察出他对我大姐姐没有任何意思，我不确定她在这件事里是否保持了中立态度。一天，他离开了我们的城市，到别处做起了自己的生意。我们并未就此断了联系。某天，他通知我们他快结婚了，叮嘱我们一定要全家一块儿去参加婚礼，我们便照做了。

对我而言，我对他始终都心存无限的感激，感激他为我揭开了我原生文化的全貌，也感激他掀去了那层厚重到让我窒息的哀悼。

初中岁月

1950—1953

有些白天比黑夜更晦暗。当我决心把初中那些年的回忆收集起来的时候，这句话闪过了我的脑海。我心想，也许这是一种记忆恢复（reminiscence）。是恢复了对一句话的记忆吧，一句当年我大概在哪儿读到的话，一句因为某天它恰好应景而留在我记忆中的话。有可能吧？但也有可能，它道出了我对那些年的总体感受，而在这份感受里，大量因素都曾相互影响着。事实上，母亲开始频繁抱恙。她的哮喘病发作起来相当骇人，而且，由于她有时一卧床就是好几天，我们的日常生活被彻底打乱了。我的哥哥们处于越来越紧张的状态中，以至于开始虐待我的姐姐们，包括身体虐待，对此我实在看不下去。这种局面，就好像我们维系至今的团结和凝聚力正日渐瓦解。外界压力的解除，让每个人的血气纷纷复原，也为冲突打开了出口。

由此，我开始感觉到，虽说这种日子并不是常态，有些白天，比黑夜更加黑暗！这句隐喻简直是形象至极，因为我的确有时会突然觉得什么都看不见了，再如何揉眼睛，再怎么双目圆睁，都是徒劳。最终，我明白了，那让眼前黯然无光的云团，是从内心升腾而起，无论我做什么都无法阻止它爆发。在我的小学阶段，我曾经有过类似的感受，但在整个中学时期，我越来越频繁地体会到这种现象，有时到了周而复始的地步。这从来都无关学习障碍。学业，对我来说，一直都易如反掌。不那么容易的，是除学业以外的一切，这一切也触发了云团的爆发，使我感受到一种难以承受的孤独。我蜷缩了起来，不再开口，更深地陷入书本之中，静待诸事成为过往。今天的孩子，要是处在这种状态，便会陷入电子游戏里。此法或彼法，大概都是为了清空杂念，专心等候时间这剂良药完成本分的。

比如，为了参加六年级的入学考加上奖学金考试——“奖学金”是个神秘的词——我得独自填写各种表格，学着一个人面对行政用语。我在不知不觉中蜕变着。当我收到奖学金部门的来信时，我弄不明白，授予我的“六分之六个奖学金”是什么意思。分数，我学得很好，可是它们怎么会跑来和这奇怪的词并列使用呢？不只如此，我还要在“寄宿生”“半寄膳学生”和“走读生”之间做选择之后回信。我对这三个词的意思丝毫没有概念，就连达尼都看不懂。于是，我采纳了他作为精明商人的建议，勾选了中间的那项——按他说的，中间的都是最谨慎的——然后把信寄走了。两周以后，上午的课结束后，校长在教室门口把我堵住，命令我去“食堂”——又是个我不认识的词——接着，噩梦来了。桌上摆着些我必须乖乖接受的食物，可光是它们的气味，就让我作呕。我觉得我快要吐了，这时，校长回来了，也终结了我的酷刑。母亲见我没回家，便派达尼去打听我出了什么事。他向校长解释了一番，误会就解开了，我回到了家。

这可是一场冒险啊。我快要开始读的阶段，是全家从未有人达到过的。在利比亚的时候，达尼，虽然学业格外出色——母亲总是不停地向我提起这事——却没有在小学之后继续往上念，原因是numerus clausus（拉丁文，专有名词，早年专指针对犹太学生的招生人数限额。——译者注）把犹太学生受初中教育的人数限制住了。他拒绝了希伯来学堂推荐给他的课程。他开始做工，刚刚十二岁便承担起了家里的开支。至于我的小姐姐们，她们没能克服晚入学产生的困难，只能磕磕绊绊地在一所学徒学校里耗着。

所以，一个可借鉴的先例都没有。我必须要独自应付种种不得不面对的情况。

比如，选外语的时候，我选了阿拉伯语而没选英语，因此出了状况。校长把我叫去，让我改主意，因为我是普通学制的六年级学生中唯一这么选的，课表安排上会出问题。我不知道这事最后是怎么解决的，因为我没有让步，我说，我不想在自己的母语上做个文盲。不过，现在想来，我还是后悔的。因为我不得不等到高二才终于有了一位配得上“阿拉伯语教师”称号、也配得上教授这门美丽语言的老师。在那之前，所有来教课的都只是一味地读阿拉伯语报纸，把他们的课变得跟托儿所似的。

同样没那么简单的，还有男女混校制。更何况从六年级到高一，我们班竟然都只有三个男生，女生却有十二个，后来是九个。这让那些“前卫”的同学们常拿我们开玩笑，把我们看成娘娘腔。有趣的是，我们很快就发现，我们三个，一个法国人，一个犹太人，还有一个阿拉伯人，就好像我们是各自社群的荣誉代表一样。女生当中，大部分都是法国人，一个阿拉伯人都没有。我们是少数派，但我们很争气，就我来说，班里第一名的位子，始终在我和一个法官的女儿之间交替，多数由我获得。有个男同学曾对我讲起，有一天我没去学校，很可能是因为犹太教节日，一位女老师把一份特别难的作业发还给大家，并对我那份的出色质量大为惊奇。她问道，我是不是在家有人帮忙辅导。还加了一句：比如姐姐们之类的。于是，我那位竞争对手发言了，她小时候曾和我的姐姐们同班过。她把她们描述成绝对的笨蛋，自此给我添了一个我本来用不着背的黑锅。

每一门课，我都相当得心应手，唯独体育课除外。这都是被其他课害的。我变得懒惰了。真是如此，一点儿不假。读书实在让我太愉悦了，几乎成了我做的唯一一件事。我的手里总是捧着本书，从各式各样的漫画，到最严肃的巨著。母亲非常不满，常常一把抢过我的书，说我再看下去就要瞎了，不然就是先疯掉。她求我出去走走，或是找同学去玩。这并没有影响我的成绩，但有时会让我漏做作业，或忘记复习。

一天，我们上法语课的时候，我意识到每个人课前都得用规定的单词造好五个句子。这练习简单得离谱，但我本该前一天在家写在纸上的，我却没做。老师开始抽学生提问了，被抽到的人就得在座位上读出自己的作业。我很想逃过抽查，但事与愿违。我镇定自若，拿起一张白纸，盯着纸把五句话给背了出来，当然啦，我是即兴造句，但句句完美。然而，忽然，我把纸卷了起来，自己露了馅儿。老师让我把纸拿给她。她一看，是白纸。她不仅给了我零分，还把我狠狠地斥责一顿，用最严厉的方式鞭笞了我不诚实的行为。

还有一次，是初一那年，某个周六的早晨，我们有拉丁文课，而我意识到自己忘了背第四变格法了，也忘了背bos-bovis（拉丁文，意为“牛”。——译者注）的第四变格法。为了避免被点名，我想了个主意，自告奋勇地去点暖炉。当我正和一块块小木柴搏斗的时候，她叫我上讲台去。她到底是怎么识破我的诡计的？我假装没听见。她用更生硬的口气再叫了我一次。我放下了生火的事，开始结巴起来：bos...bos...她问我bos的复数所有格是什么，想要帮我一把。我一点儿都想不出来。见我沉默不语，她让我给domus（拉丁文，意为“家”或“房子”。——译者注）变位。我依旧愣在那儿。她把我一阵痛批，说我多么让她失望，又补充道，她不想给我零分，会再给我最后一个机会。她让我用talis和qualis造一个句子——那是前一课里的。我不假思索地回答她：Talis magister qualis discipulus（什么样的老师教出什么样的学生）。她露出了浅浅的微笑，让我心旷神怡。我发现，她挺欣赏我的，也许是因为她知道我是个书虫。几周之前，某次听写的订正结束后，她到学生中间一排排巡视，走到我附近时，问我看的书叫什么。我回答说，皮埃尔·伯努瓦（Pierre Benoit）的《亚特兰蒂斯》（*L'Atlantide*）。于是她说：“啊！我猜你一定梦想着能成为莫朗日（Morhange）船长[1]吧！”我立刻回道：“噢是啊，太太，尤其要是您是安蒂内娅（Antinéa）的话。”她摸了摸我的头，说不定在想，我真是胆子不小。我很迷恋她，所以我可不能错过这种意料之外的机会，一定得趁势告诉她。

不过，我并不是个例，不是唯一一个情窦初开的。我们都喜欢上了女老师。当然会这样。怎么可能会不喜欢呢？我这话是为男生们说的。因为就女生而言，她们要现实得多，她们对同班男生的眷顾更感兴趣。尼古拉（Nicolas），另两个男生中的一个，最受女生青睐。大大的蓝眼睛，一头罗马式的偏分金发，简直太英俊了！但他呢，他疯狂地爱上了教自然科学的女老师，被她迷得晕头转向。只要一上课，他就捻起右手的大拇指和食指，不停地往嘴唇上凑。他解释说，那是他心上人的两片嘴唇，他这么做是在想象和她接吻。

而我，我显然对女生们无感，也没有一个女生来向我示好，但我无所谓，因为我再次深深地陷入了相思，

1　友情提示：莫朗日船长发现了亚特兰蒂斯岛，准备前往探险。在那里，他遇见了貌美惊人的安蒂内娅女王，爱上了她，但他并不知道，她只把他当作众多情人里的一个新猎物而已。

这次是对初二的法语-拉丁文老师。我的情感实在太过浓烈，以至于一想到即将到来的自主选题作诗课，我就提前好几周，早早地开始搜寻大量诗选，指望能找到一首可以向她表达心意的诗。日子到了，我感到幸福至极、喜悦至极，因为我终于可以直视着她的双眼，对她倾吐"这儿有果实、花朵、树叶、枝条，这儿还有我的心，只为您跳动"等等。当我说到下面这句时，我的声音都哽住了："在您青春的胸脯上，请允许我把头倚靠，而我的脑海里，您方才的吻依然回荡……"［该诗为保罗·魏尔伦（Paul Verlaine）的《绿》（*Green*）。从"在您"至"回荡"的诗句翻译由译者自行译成，未采用网络上已有的中文翻译。——译者注］我得了个15分（法国的学校打分制度为0到20分，10分及格。——译者注），仅此而已，但我真的很幸福。

然而，我不明白，我这首魏尔伦（Verlaine）的诗，怎么会让她想到一个月后让我们去学《我的波希米亚》（*Ma Bohème*）。这可是一项重大发现。全班从没有如此迅疾、一致、疯狂地对兰波（Rimbaud）抱以如此真切的热忱。"妈的！哪儿冒出来的这家伙？"只听走廊里有人说道。或是："见着没，嘿，人说话跟我们一样，跟我们似的还好听！人怎么办到的？记着没，他讲'衣裳'啊、'裤衩儿'啊、'鞋儿'啊什么的。老天咧，我还以为都是粗话来着。”又或者：“就凭她拿这家伙教我们，我们都能把他的东西给背出来了。”后来果真如此，《幽谷睡者》（*Le Dormeur du val*）、《感觉》（*Sensation*）和《醉舟》（*Le Bateau ivre*）让我们连着读了好几周，最后我们都像背祷文那样地念叨：“我见过人们只能幻想的奇景！”（此句为兰波《醉舟》一诗中的一句。——译者注）

当我说“喜欢上了女老师”时，我指的可不是所有女老师！在我眼里，这其中有一位，让我至今一想起就咬牙切齿。原因很简单，就是因为她做的荒唐事——我用词很恰当！——让我成了，而且是一辈子都成了个有缺陷的人，虽说这是一种特殊的缺陷。她就是我们的英语老师。初二那年，我选了英语作为第二外语，没有选西班牙语。班上共四个学生。环境一流，某种程度上像私教一样。学期测验的时候，我得了第二名，满分20分里拿了19.5分。在成绩单上，她写了句评语：“可以做到更好。”这句评语让达尼怒火冲天，就算我强调分数有多高，他也充耳不闻，甚至还抄起一条皮带就追着我打。我花了很久才弄明白，一切事情都只是他用来找我挑衅的借口。我的数学考了第一名，但只得了9.75分，他的反应一模一样，要知道这分数连10分及格都没到！总之，得到鼓励，是一种耻辱。“连光荣榜都没有！”他这么说。当我对他说，这可比光荣榜好，他就接着我的话头说，这种鼓励是在激你努力上光荣榜啊。有时候，他的责备能持续好几周。我去向母亲求助，她便回答，受过教育的是他而不是她。有些日子，虽并不晦暗，却时时刻刻逼近晦暗。第二学期，我成了第一名，拿了20分满分。但同样的评语再次出现：“可以做到更好。”家里的情景变得更可怕了。于是，我找到这位老师，把情况一五一十地告诉了她，也问她我怎么才能变成超第一名、拿超20分。我补充道，如果她继续给我这句评语，初三我就会放弃英语，因为她也教初三的学生。最后一个学期，我还是第一名、20分，可评语和前两次完全一样。家里的场景也再次上演。初三，我放弃了英语，换成了我本来就说得很流利的本地阿拉伯语。这就是我从来都说不好英语的原因。我不断注意到，这在今天的世界，可是名副其实的缺陷。

然而，我没想到，这一换，等于刚出一个火坑，又进了另一个火坑。因为我即将发现，这位教古典阿拉伯语和本地阿拉伯语的老师，应该很厌恶犹太人，或者说至少很讨厌我。本地阿拉伯语的第一节课，他问谁会说阿拉伯语，我举起了手。他叫我上讲台去，让我开口说。我把前一天的森林散步细述了一遍。显然我没有丝毫的表达障碍，我口中的语言几乎就是我的母语。他让我回到座位上，边做出轻蔑的表情，边用更轻蔑的语气告诉我，我有口音。古典阿拉伯语和本地阿拉伯语的班级里，几乎没有法国人，除了几个阿拉伯人以外，还有不少卡比尔人。犹太人只有两个：罗歇和我。在挖苦了我的口音之后，他可能受不了我得第一，况且我还是古典阿拉伯语和阿拉伯口语两门课的第一，第二名就是罗歇。成绩一出来，他就在古典阿拉伯语课上安排了一小时的古兰经诵读，每周六早上从10点到11点。不仅如此，整个学年，他次次都指定罗歇或我来开头。殊不知，要开始念古兰经，就必须先宣读一遍穆斯林信仰声明："除安拉以外没有别的神，穆罕默德是先知。"原则上说，宣读这句口号的人，就等于是"皈依"了。就这样，罗歇和我拜他所赐，一周接一周地被他"改宗"，整整持续了一年。最糟糕的倒霉事，还要数后来的那个学期。这回，两门课的第一名又是我。尽管如此，他坚持反对让我上光荣榜。当其他教师注意到我的排名、向他指出时，他回复说，这么做是因为我为人傲慢无礼。来告诉我这事的，是法语-拉丁文老师（当时学校里不设班主任），他也许是老师当中最具反叛精神的那个了。我去找了校长，为自己辩白，还说他要是想亲自了解事实的话，可以去向其他同学核实。他高高地举起手臂，告诉我他无能为力。还要我多费笔墨描写达尼的反应吗？晦暗的日子从不缺席，而萦绕这些日子的，是那个卷土重来的老问题：恶意和美，怎会在同一个人身上相依共存，这怎么可能？因为这个男人，虽说是个不合格的教师、心怀恶意的男人，但你不得不承认，他是位杰出的阿拉伯诗歌诵读者。每周，他都会与我们分享自己发现的一首新诗，周周如此。随后，他朗诵起这首诗来，抑扬顿挫，功力非凡，而且还带着极大的愉悦，令我们都深受感染。我的记忆里还留着他读过的几首诗，耳边仿佛还会响起他的吐字声调。

我提到的那位法语-拉丁文老师，和其他所有老师比起来，绝对是个异类；和过去教我们这门课的老师相比，也是如此。从举止就可以看出。其他老师全都是公文包不离身，而他则上课下课都把双手往口袋里一插。他的课，不仅最最生动，更是最别出心裁。他有着很重的法国西南口音，很爱写黑板。他总是先拿白色粉笔写，写到没空儿可写了，就抓起一支红色粉笔，把白色字迹覆盖掉。有时候，他甚至会再拿一支蓝色粉笔去盖掉红色。我们总会被他讲课的走向带得惊讶连连。他从不放过任何一个机会向我们说明，比如，某些拉丁文单词经过了哪些步骤，最后演化成了法语、英语，甚至是德语单词；他还会将根源一直追溯到原始印欧人，把我们引向语文学的源头。他可以花上半小时，把一节提及莫里哀（Molière）或拉辛（Racine）的法语课，变为大谈没人听过的弗洛伊德（Freud）和精神分析疗法。他也可以顺着同一个思路，向我们解释相对论的重要性，又费同样的力气把相对论归入车轮、马颈轭这些人类的伟大发明之列，让在座的我们一脸茫然。车轮、马颈轭？这些平日里的常用物件，难道也不曾存在过吗？而且它们怎么会被抬举到人类伟大发明的高度呢？他注意到了我们的震惊，便介绍起了达尔文（Darwin）。而后，如他再三对我们重申的那样，由于他对我们的文化常识积累实在操心，他就可以继续讲牛顿（Newton）和开普勒（Kepler）。而只要提到拉丁文作家，他就绝不会忘记把我们带到作家所处的时代，聊起当时的阴谋秘闻、争权夺利。我们这十二个人（有三个女孩放弃了拉丁文），不再拘于三楼走廊尽头的狭小教室，而是纵横罗马，从古罗马广场穿行至元老院，结识着平民百姓，也拜访着官袍加身的贵族。学年快结束时，我们听一个哥们儿说，他从他父亲那儿听来，这位特立独行的老师并不是个真正的老师。他是个行政省长！一点儿都不夸张。他痴迷于开飞机，有一天却出了严重事故，导致自己邀来同行的亲兄弟不幸丧生。从此他深陷抑郁之中，负责治疗的医生们建议他离开法国本土，到一个青少年聚集的地方去生活、接受熏陶。我想，我不是唯一一个被他打开视野、放眼世界的人，也不是唯一一个被他培养出无底洞般好奇心的人。

而他，也并不是唯一一个打乱我们习惯的人。另一位这么做的老师，做得完全出乎意料，而她使出的方法虽风格不同，却一样极端。那是我们的历史-地理老师。学年刚开始的时候，我们的老师并不是她。当时的那位老师既笨手笨脚，又自卑自弃，不仅被我们班的人，也被他教的所有班级起哄，而且起哄得厉害。起哄声实在太吵，以至于校长或总学监不止一次闻声而来，亲自制止。不过每次都没什么用。因为只要校长或学监一走，起哄声便会再次响起。一天，这位老师没来教课。我们得知，他自杀了。风声传遍了全城，说他除了教书教得失败以外，还因为是同性恋而麻烦缠身。这在那个年代很常见，同性恋普遍受到排挤和攻击。好几周，我们都没历史课可上。直到某一天，我们被通知第二天历史课将会重开。我们走进教室，各人走向自己的位子，站着等候。接着，一个身材瘦小的女人走了进来、站到讲台前，她穿着一条黑色长裤，身高最多一米五，体重顶多也就三十五公斤。她硕大的脑袋样子很丑，留着短头发，大鼻子上架着一副宽大的眼镜。顿时，起哄声沸腾，比之前的任何一次都更激烈。任凭怎么吵闹，她始终不为所动、淡定沉着，用冰冷的目光把我们一个接一个扫过来，一言不发。差不多一分钟过去后，起哄声停了，只剩一片凝重的寂静。她向自己的办公桌转过身去，一边说："坐下！"嗓音尖锐刺耳。就在那一刻，奇迹发生了：每个人，无论女生、男生，都迷上了她。而这份迷恋，随着她一节又一节引人入胜的课也越来越深。更加征服我们的是，她一有机会就请我们打开课本，停留在一幅幅人物肖像上，细细分析他们的外貌特征，判断他们的性格，随后她将我们判断出的性格，与该人物在时代背景下做出的历史性决策联系起来。于是，一个学年下来，我们认识了弗朗索瓦一世（François I）、亨利八世

（Henry VIII）、查理五世（Charles V）、奥利弗·克伦威尔（Oliver Cromwell）、亨利四世（Henri IV）等等。但让我们最最震惊的，还要数第一次历史考试的那天。在此之前，每回考试都是清一色的死记硬背，让我们把应该记住的东西默写一遍。说白了，每个人都在试着拿自己的小抄对付了事。而这天，她请我们把课本放到桌上，说我们可以随意翻书参考。我们一时有点儿不知所措，完全不能理解她这个奇怪的指令。这时，她走到黑板前，对我们说，她要写考试题目了。写完后，我们读道："请比较16世纪法国和英国的宗教政策。"此后两个学期的考试，采用了同样的形式。那时的我们，并不知道历史作文是什么，但它已经让我们热衷不已了，每个人都是如此，无一例外。

每一位教过我的老师，都给我留下了深刻的印象。我依然记得他们的名字，甚至记得他们的癖好特征，或是每一位的教学方式，不然就是记得与他们经历过的种种情景。这些回忆，就是一场场相遇，而这些相遇，都是如此难忘、都留下了不可磨灭的印记。我对他们怀揣的感激之情，还用多说吗？

穆阿马尔

1954年夏末

奥尔良维尔这座小城，是我们因属法籍而被意大利殖民政权逐出利比亚后，于1942年8月到达的地方。由于它地处内陆、位于一片地质学上所称的洼地之中，一到夏天，它就成了火炉，冬天又变得天寒地冻。按理说，我们已经习惯了这种处境，可1954年9月9日这天的气温，似乎打破了所有纪录。我们三个，居伊（Guy）、罗贝尔和我，想躲开这折磨人的暑气，便跑去水塘里泡着。这水塘是我们在契立夫河蜿蜒的水道上发现的，而契立夫河象征着悲伤的回忆，我当然是连靠近都不可以的。我们的午后，在一公升柠檬汽水、半公斤蜜枣中结束。我们在居伊家门前的台阶上把这些享用完后，便道了别，各回各家。空气又闷又沉，比平时红了许多的天空，因为到处充满灰尘而显得格外低垂。我9点还约了另一个朋友，让-皮埃尔。我想着，也许可以和他一块儿去电影院，还得把他借我的书还给他。他那本让我读得津津有味的书，就是约翰·多斯·帕索斯（John Dos Passos）的《曼哈顿中转站》（*Manhattan Transfer*）。居伊和罗贝尔，是我在这没完没了的假期里消磨时间的朋友。只要哥哥们没有交给我什么差事，我们就会一起玩滚球，或是和这天一样去全是泥的河里泡澡，又或是踩着自行车到很远的“橙子”那儿去——那是各个橙园的园主兴建的橙子形建筑物，连色彩也和橙子一样，就造在通往阿尔及尔的公路上，离我们的小城十来公里。这创意不错，因为那儿很快就成了郊游胜地，而且，人们只要花一丁点儿钱就能喝上极品鲜橙榨出的汁儿。这些橙子被阿尔及利亚出口到世界各地，可以说，阿尔及利亚称得上是非洲的加利福尼亚了。

所有的这些活动，全都不对让-皮埃尔的胃口。他更爱幻想，成天钻在书里，还钻在和一个美国人频繁的书信往来中。话说是这个美国人推荐他读多斯·帕索斯的，他就去买了来，而这天晚上，我们打算交流读后感。不得不说，当年的美国，还真是美国！也就是说，它如灯塔一般，让我们翘首企盼，以至于从那儿来的一切似乎都理所应当地配得上最大的重视。

这座城在战争末期曾成为美军基地，军队的存在还带动了它的经济飞跃。我们俩沉浸在阅读里。不过，除此之外，还有什么可做的呢？两家电影院每个星期都只放一部电影，我们也没钱买家里没有的唱片来听。于是，我们勤快地搜刮起了教学联盟办的小图书馆，就我能记起的来说，那儿让我们觅着了许许多多宝贝。

居伊、罗贝尔和我都念完了高一，而让-皮埃尔已经拿到了第一个会考文凭[1]，正准备进学校为他和另几个学生开设的哲学班。去年，我们高中新开了高二“第一年级”，而他成了第一批学生，当了回试验品。我们这所中等学校，长期以来都是一所EPS（简写，法语全称*école primaire supérieure*，意为“高级小学”。——译者注），校名上也一直这么写着。后来，就在几年前，它成了初中，再接着，它开出了一个高一班级，又开出了这个高二“第一年级”，希望以此获得高中的资质。我们所属的社会阶层，应该是挺满意这个情况的。因为，城里那些富裕家庭出身的同龄同胞，无不从六年级起就被送去阿尔及尔的贵族高中寄宿了。同样他们是用不着在酷热底下受煎熬的，只需前往离那儿五十公里的提奈斯（Ténès），就能在家长们的海边豪宅里度过一夏。

1　在那个年代，高中毕业会考文凭共有两个，考试分别安排在高二和高三的学期末。第一个会考文凭分五类：A类（法语、拉丁语、希腊语）、A’类（法语、拉丁语、希腊语和数学）、B类（法语、拉丁语、两种外语）、C类（法语、拉丁语、数学）、M类（法语、两种外语、数学）。第二个会考文凭分三类：哲学、实验科学和基础数学。

那鼎鼎大名的高二，才开班就一下子产生了各种师资和课表的问题，因此学校决定，我们每周五小时的拉丁文课，变为高一高二合班上课。让-皮埃尔也是个相当出色的拉丁文学生。他出色到别人不再叫他名字，只叫他“苏格拉底”，而且不知为何，这绰号已经跟了他很多年。我们俩在拉丁文课上碰巧成了同桌，继而发现彼此都嗜书如命。他向我推荐了美国文学，而我，则把自己着迷的俄国作家们介绍给他，此外还推荐了茨威格（Zweig）、卡夫卡（Kafka）、莫里亚克（Mauriac），尤其是加缪（Camus）。那天晚上，我们约好在Comoedia-plein-air门前见面，看名字就知道是露天电影院，看电影的人可以围着小圆桌坐、边看边喝冷饮。当晚放映的是一部美国电影《双雄斗智》（*Crossfire*）[1]，罗伯特·瑞安（Robert Ryan）演的。

“清凉时分”，我和二哥达尼、我姐姐们、我母亲一起在家里的天井吃了晚饭。大哥布拉米诺结婚了，住在别处。我告诉他们，我要去电影院，而既然谁都没有要出门，我就在出发时带上了朝向大街的那扇门的钥匙，

1　爱德华·德米特里克（Edward Dmytryk）导演，1947年上映。

把所有人都锁在了家里。我们一直都是这么做的，为的是在回家时不要吵醒全家人，更为了让天井里的门窗都开着，好凉爽一些。

我如约见到了让-皮埃尔，他已经找好位子坐下了。我把他的书还给了他，而他把我借给他的屠格涅夫［短篇小说《三次遇见》（*Three Meetings*）］还给了我。我们开始交流各自的阅读体会，一边等着夜幕彻底黑下来后，放映正式开始。聊到多斯·帕索斯惊人的叙事形式时，我们滔滔不绝，还从中发掘了电影艺术中的场景和分镜头对他叙事的影响力。我们看了电影，都觉得拍得很棒。随后，我们走上了回家的路。在路上，我们拖延了一会儿，继续闲聊，但更是为了抽烟，抽Bastos牌的烟。这可是让-皮埃尔的一大乐趣，而我，我是没烟可抽的，二哥达尼若是见我抽烟，非得杀了我不可。

1点差一刻的时候，我到了家。我蹑手蹑脚地开了门，以免发出声响。我进了天井。我溜到了左边的卧室里，门原本就开着。我摸着黑脱了衣服，套上睡衣，轻轻地钻上床，躺在我的位置上。我哥哥和我用同一张床。

一躺下，我立刻沉沉睡去。

母亲的惊叫把我弄醒了。只听她一间又一间房地大喊："Nodo, nodo, terremoto, terremoto！"

我的第一反应是：真不知她又被哪只蚊虫给蜇了。我睁开眼睛，透过天花板上划过的一大道裂缝，竟看到了天空。我抄起床头桌上的眼镜，双脚往凉鞋里一塞，冲到了天井里。母亲把房子的大门打开，一边撑着门，一边像母鸡数小鸡那样，反复确认我们是不是都出来了。她又大叫，让我们快穿过马路，离房子越远越好。我们住在城墙对面。而在我们家门前、城墙的拐角，有个业主建了个小花园。我们才刚到花园，转个身的工夫，第二次震动就开始了。随着一记恐怖的轰隆声，我们眼睁睁地看着自己的家塌了。嘶喊声四起。整条街的邻舍，法国人、阿拉伯人、犹太人，全都和我们一样，面对化作一堆瓦砾的家，只能哀号。

这一切，都在难以置信的瞬间发生了。

当我问哥哥现在几点，他回答，1点14分——第二天，我在报纸上看到，首震的时刻，是1点11分，持续了十二秒。我顿时一阵后怕。要是我和让-皮埃尔再拖得晚些，会发生什么？我全家人，被我用家里唯一一把钥匙细心地反锁了起来，他们将会因我的过错而被埋在废墟底下！

还有，我母亲的反应！

我们一个都没有被首震震醒。

而她，她被震醒了！

莫非是战争期间，我们在班加西经历的无止尽的轰炸，令她变得敏感了？我的耳边，还会响起她的语调，仿佛又听见她大喊着“Nodo, nodo”——“醒醒，醒醒”，用的还是我们的方言！而这“terremoto”是我第一次听到，可能是意大利语。她没有用我们方言里指同一件事的“zezla”一词。她会不会是怕我们理解得不够快、不够准确？她凭着绝对的权威，再次做到了成功地应对、引领。我眼中的她，从来都是如此，无论是警报一响、她立刻领我们进防空洞时，还是之后我们被迫迁往他国、面对颠沛流离的种种磨炼时。

这些疑问，在我的脑中高速打转，而随着氛围变得令人毛骨悚然，它们更是固执地萦绕心头、挥之不去。

哀号之后，是一片凝重的寂静，间或听得到几声压抑的呜咽，或是孩童的哭泣。

随后，忽然又震了一次。

这一次，比前一次持续的时间短些。怎么形容它呢？我已词穷。我只能勉强地说，每一秒，都像度过一个世纪；每一秒，人们都觉得死亡迫在眉睫，准备随时迎接它，了结掉恐惧带来的折磨。此起彼伏的哀号再次响起，声声诉说着灾难、声声呼叫着愕然。

尘土让夜幕更黑暗了。

接着，又是一片寂静、悚然，仿佛每个人都在震惊自己竟还活着，仿佛每个人都试着与方才经历的恐慌抗争。

这时，我听到了阵阵嘶鸣声。那是穆阿马尔（Moammar）的马群。穆阿马尔把马群引到了城墙前面的平台上，正在尽力安抚它们。于是，我意识到了他的在场，便感到松了口气，内心还顿时涌入了一种奇特的希望。

因为，这穆阿马尔，可不是什么一般人。

他是穆阿马尔啊！

用今天的词来说，他是我不折不扣的思想导师，我的精神领袖。

他是个马夫。没错，马夫。他整年要养四到六匹名贵的马，这些马被关在贴着我们家的一间没有窗户的房里，也就十五平方米左右。他年纪很大。不过，他真的是老人吗？我不能肯定，但从我孩提时，一直到我长成青少年，我眼中的他始终是这副老态，而我也是从他脸上密布的皱纹做这个判断的。他长着一双浅褐色的小眼睛，右眼上蒙着块布垫子。他真的很丑，牙齿七零八落，不管夏天还是冬天，都穿着一件羊毛的棕色无袖长衫，光秃秃的脑袋上总缠着同一团脏脏的橙色头巾。他每天每夜都住在这间房子里，马的主人可恶得很，给他的薪水少得可怜。这雇主是当地一个有钱的农场主，长着咄咄逼人的小胡子，目光冷酷。

我就不细说这位马匹的主人时不时组织的跑马比赛了。比赛选在城郊这条大道上的一段，两百米长。这比赛还是很震撼的，因为通常都会持续整个下午，还伴随着吆喝声和马枪的鸣枪声。比赛总是以观众们的交头接耳结束，只见他们一边交换着一捆捆纸币，一边一个劲儿地叫骂吵嚷。

我也不多说母马交配的细节了。每次交配都由穆阿马尔一手主持，一下子把邻里的所有男孩儿女孩儿们统统都吸引了来。我们一个叠一个地挤成一串，争相观摩他用手把种马身上一个巨大的玩意儿往目标送。他的动作猛烈又利落，所以格外让人着迷。之后的几天里，穆阿马尔有时会对我吐露，他可以用不着女人了，因为他已经有母马了。我花了很长时间才弄懂他的意思，特别是我许久才愿意承认，他平时会和母马发生关系。

之所以会花很长时间，是因为这一切所基于的背景，是频繁殷勤的来往。对我来说，这在当时是我近乎仪式化的一大乐事。

我刚吃完午饭，就会带上和课业有关的书簿文具，去那小房子里待上一小时左右。每天午后，我也这么干，而要是哪天没课、哥哥们或母亲也不需要我帮忙，我待在那儿的时间就会更久。我总是在打开的门附近找堆稻草当凳子坐。我的鼻孔嗅到一股厩肥的味道，奇怪的是，我竟然很喜欢。我稍稍扫一眼学校的课业，然后便和穆阿马尔接续先前的叙述。他讲的内容真是引人入胜，每次都到了迫不得已才打住。我受到了独一无二的熏陶。有一回我抱怨说，我听见一个农民从隔壁的马厩里出来，一边辱骂他那不肯听话的驴子，骂它是垃圾犹太人。穆阿马尔立即发表了一通激烈的言辞，批判这种愚昧狭隘却可惜相当普遍的思维，还补充说，若是阿拉伯人（那个年代我们不叫他们“穆斯林”）肯花点儿力气向犹太人学学，而不是去鄙视，他们就不会沦落到这么落后的地步、这么可悲。他对我袒露，他自己什么宗教信仰都没有，又吃肉又喝酒，祷告也顶多是在斋月做做，这样可以让他和人群保持距离。有饼、有橄榄，就足够他跟马一起待着、安然度日了。的确，他是个安然的人，仿佛周围动物的热度早已将身处其中的他麻醉了。或许，我自己到他身边来寻找的，也是这种形式的麻醉吧。

他还带我神游了一番。凭借异于常人的记忆力和对于细节的专注，他带我回到了战争年代。1939到1945年的那场，他曾参战。我有幸听到了每个宿营地的细节，连带他所有途经城市的名字。他一个法语词都不会说，却能地道精准地念出城市和宿营地的名称。我也有幸听他一点一滴地讲述了蒙特卡西诺（Monte Cassino）战役，那些铺满战场的横尸、那些令他幸存的奇迹。当我打断他、问他当时有没有恐惧过，他回答道，这个问题对于他从来都不存在，因为他一直都觉得自己是已死之躯。他在讲我们共同的阿尔及利亚方言时，隔三岔五会用个我不懂的词。我便喊停。他就耐心地给出定义，向我解释这词的各种用法。我想，他为我讲述时，他内心的愉悦，和我听他讲述时我内心的愉悦，是对等的。从普罗旺斯（Provence）出发，随后是向罗讷河（Rhône）的山谷挺进，接着先到达勃艮第（Bourgogne），再到阿尔萨斯（Alsace），最后抵达德国。再微小的细节，都逃不过他那双富有穿透力的小眼睛，而我，透过这双眼睛，认识了法国、看见了法国。与他一道，我甚至品尝了那里土产的各种美酒、奶酪和佳肴。

尽管我执意要挖出些细枝末节，他却始终对他的故事和他本人避而不谈。他用手势和态度告诉我：算了吧。然而，他却坚称，我的故事才重要。他对我的母亲极其敬重。她不正是与他有些许相似吗？被动地置身于完全陌生的环境，并竭力地保持距离。她不也正是和他有一样的智慧吗？这智慧来自年纪和经历，更来自对世事现状的接纳、对无力改变现实的确知。是宿命论，还是生存之策？他对我说，他为我哥哥姐姐们的态度感到骄傲。他总是抓住每一个机会，祝贺我学业出色，还反复强调，这在日后为我开启的一扇扇大门，有多么重要。

但是，他从来都不接受我把任何学来的东西传授给他。他解释说，这对他没有任何益处，他学过的东西，都已经学到了，经历过的事情，也都体验到了，这全部的一切，对过日子而言已是绰绰有余，而这正在过着的日子，他并没想要改变分毫。站在我今天的位置来看，我发现，有一个细节至少可以说甚为有趣：他被叫作穆阿马尔，而moammar这个词的意思，是“充足”。不是“满当当”，而是“充足”。

这样的来往持续了好几年，因为我第一次进他的这间房，是在上初一那年的冬天。当时，天气格外寒冷，母亲的那些火盆，加起来都没法把家里烧得暖些。我碰巧走过这间房敞开的门前，里面涌出的一股热气让我好不惬意。我就这么对他说了。他邀请我进门，说我如果愿意，随时都可以去。我不假思索地照做了，而这一回访，就预示了习惯的成形。回到城墙这儿，我刚刚念完高一。所以，这段来往已有四年之久。我有我的学校生活、有我与书籍相伴的生活、有我和兴趣各异的同学们互动的生活，还有这层在我看来非比寻常、更为私人、我也从不向他人提起的生活。

马匹的嘶鸣声，把我猛地拉回了这些过往，也让我霎时间念及那份安然——它，就是这些过往如影随形的印记。

快，快去问穆阿马尔！我们正经历着难以想象的灾难，而他，他必定能为我揭露这灾难的意义。

我在城墙的墙根找到了他。城墙并没有塌。他一边费力地拉扯着马匹的四个笼头，一边努力对马儿说话，柔情和咒骂的词替换着用。我凑近他，开口问这发生的一切意义何在。他回答我的时候，先用温柔的字眼唤了我一声“ya oulidi”——“我的好孩子”，就像他平日里唤我的那样，随后说道“eddenia khlêt”，意思是：世界末日。

话音落下的那一刻，他，荡然无存。

我背过身去，走开了，一个字都没有说。

我的内心，有种无法控制的东西，摧毁了他到那时为止在我心中的整个形象。

我再也没有主动去见过他。我也没有再想到过他，直到拿起笔来、写下这段记述为止。

二哥达尼赶忙去探听我大哥的情况。他找到了大哥，性命无忧，和妻子还有年幼的儿子一起逃到了二楼他们公寓的阳台上。他们原先为了能撑过闷热的夜晚，在那儿放了几张床。这时他们被困在了阳台。内屋的地板全陷了下去，掉在了楼下的面包店里。达尼和他的伙伴们花了两个小时、用了天才般的想象力，把他们的床单打结接长，这才成功地救下了他们。

全家人，又一次聚集在我们化作废墟的屋子跟前。我和每个人一样，不住地颤抖。于是，我宣布自己要辍学，开始打工，为一无所有的家中贴补家用。达尼回道，绝对不行，因为家里已经出了一个手工艺匠和一个商人，无论如何都要出一个知识分子。说完，他递给我一支烟。

大势已定。

肉桂

1954—1955

该发生的就这么发生了。

夏天渐入尾声。我们花了好几个小时，试图从瓦砾堆下挖出些能挖的东西，首先是衣服。我们九个人，挤在达尼的黑色雪铁龙Traction Avant里，在那个9月10日临近中午的时刻，离开了只剩断垣残壁的奥尔良维尔，打算先到母亲的侄子马克西姆那儿避一避。他住在一百六十公里外的马斯卡拉（Mascara）镇。

送我们到那儿之后，哥哥们再次出发，为新的情况寻找解决办法。一个星期后，他们回来了。达尼向我们宣布，政府免费分给了我们一套别墅，地点在埃利赞（在柏柏尔语中，意为“蝇虫之丘”）城郊的一座园区里。园区内有几十栋这样的别墅，都是几年前为一家石油勘探公司的员工建的。由于该公司在那一带并没有发现石油，它就把整个园区的管理权交给了市政府，而市政府秉持着和阿尔及利亚几乎所有政府部门、所有城市都一致的精神，把园区的使用权给了这次地震的灾民——此次地震，在十二秒内造成了一千五百人死亡、一万四千人受伤，引起了国内和国际的深重关切。当时的内政部长是风华正茂的弗朗索瓦·密特朗（François Mitterrand），他的公关部门便趁此时机，把他塑造成任何处境、任何形势下都及时现身任何地点的形象。

对我个人来说，我的难题是埃利赞没有高中。因此，我被安排到了另一所高中，在六十公里开外的城市——穆斯塔加奈姆。这在今天的人看来近得很。但那时的距离和今日不同。时间也是一样，过去走得慢多了。

从一所我完全不知其水准的小规模高中，转到一所有名的大型高中，可不是件小事。这是升级！我拥有的条件，和我原先住的城市里那些有钱孩子们一样了。我还成了寄宿生，也和他们一样。我立即就拿到了奖学金，因政府的同情而受了惠。

我们家有了好的住处，也靠最基本的救助金有了保障，但我们还是必须从零开始，重新积攒家底。这就成了我哥哥们的任务，而十二年前，他们面对的状况要糟得多，刚到阿尔及利亚的我们，还被人看成累赘多余的难民。身为灾民，处境可就容易多了。于我而言，我有自己的任务要达成，并且还怀着一种傻气却赶不走的焦虑感。我原来的班级，学生只有十五个，到了这儿，却一下子成了过去的三倍。我能否做到名列前茅？在此之前，我一直都是拔尖的，我也一心想要继续留在这个位置。其实，我本不该有怀疑的，因为，许多年之后的一次偶遇，就是最好的佐证。那次偶遇是在巴黎，还是以最意想不到的方式发生的。有人认出了我，还唤了我的名字，我一瞧，竟是L先生，我在奥尔良维尔读高一时的拉丁文老师。整整过了八年啊！那时临近中午，阳光灿烂。他坐在Capoulade的露天座上，Capoulade是圣米歇尔大道（boulevard Saint-Michel）和苏夫洛街（rue Soufflot）交会处的一间街角咖啡馆，如今已经不存在了。我刚刚通过了“临床考试”，也就是医科学业的最后一个阶段、论文答辩之前。我对他说，我真的很感动，他竟然还记得我的名字。我也告诉了他，自己正在学什么专业。他则说，地震后，他马上返回了法国本土，在几所外省的高中里教了几年，然后在大学里谋到了讲师的职位。带着夹杂一丝怀旧的激动语气，他向我袒露，他对奥尔良维尔的时光一直保留着不可磨灭的记忆，因为，他曾在我们身上看到的那股求知的饥渴，在别处再也没有遇到过。我听着他不厌其详地回忆着课上的氛围和对话。他提到了几位还叫得出名字的同学，问了我他们的近况。我想起了一个滑稽的回忆，我们都大笑起来。初三那年，他曾当过我们三个月的法语老师。为了评估我们的水平，他让我们做了篇听写。后来的那节课上，他把批改好的听写还给我们，一边惊讶，我们怎么会在同一个地方出错。我们写的是“白雪是灌木丛上的一粒盐”，而他提醒我们，他念给我们听的是“白雪在灌木丛上闪闪发光”（“是……一粒盐”和“闪闪发光”的法语原文分别为“*est un sel*”和“*étincelle*”，发音非常相似，但实际上有一个区别，即元音音节“*un*”和“*in*”发音有别。——译者注）。一时间，教室里嚷嚷起来。我们对他叫道：“可是，老师儿，您听见自己的口音没？”的确，他来自法国西南，但挑剔他有口音的话……那我们的口音，更是重得拗都拗不过来了！

虽说，这个成绩优不优秀的问题让我很受煎熬——我得说，其实是白白担忧，因为事实上我还是相当出众——但这并不是我寄宿生活的开头几周里最让我吃亏的事。总的来说，我迅速地适应了寄宿生活，方方面面都做到了。可是，伙食，却成了我难以解决的大问题。它和我的味觉相冲。不光是没有味道，我更觉得恶臭熏天，让我想吐。分给我们的饭菜，我一口都不碰，就连每周必有一顿的古斯米也是，和我母亲做的简直是天差地别。早饭的奶咖和涂了牛油的面包，是我全天唯一的一餐。午饭和晚饭，我还是只靠面包和水充饥。到后来，整个情形就不怎么让我发愁了。我只要等着周六回家就行了，到时就可以美美地享用长这么大以来我熟悉的唯一一种烹调。由于我从没尝过其他人做的饭，我实在习惯不了学校伙食的淡而无味，饭菜都泡在油脂里，还常常塞满奶酪，惹得我反胃。我纳闷，那些为每顿饭画龙点睛的香料，是去哪儿了？蒜、孜然、胡椒、香菜、肉豆蔻、辣椒、姜黄、葛缕子，都去哪儿了？尤其是肉桂，到底去哪儿了？那无可取代的肉桂啊！它的美好，首先在于气息，然后是无比微妙的味道。轻轻地洒在肉丸、土豆、西葫芦或韭葱的表面，食材的芬芳，瞬间因它锦上添花，而这股芬芳，会同时令舌头和鼻腔陶醉。我已数不清有多少次，把食物久久地留在口中，只为将它带给我的强烈愉悦尽可能地延续、再延续下去。

当总学监把我的用餐行为逮个正着并决意矫正时，

我被迫叫停了自己的白日梦，使劲克服了失落感。

那是个名副其实的烦人家伙，什么都逃不过他的眼睛，他也从来不肯做丝毫让步。他一踏进食堂或宿舍楼，一阵窃窃私语就会从人群的一头传到另一头："Moucho，Moucho，Moucho"，既是通报他的出现，也是互相提醒千万要小心，别被他逮住。Moucho，是他的绰号Mouchodrome的简称。这绰号是冲着他的秃头起的（*Mouchodrome*是民间俚语，意为"苍蝇停机坪"，专指某人的秃头光滑得都能给苍蝇当停机坪了。——译者注）。

他对我使出的铁腕手段，次次程度不等，但我低估了这手腕的厉害，还以为自己有对付的能耐。我向他说明了自己的障碍，请他给我点时间。我甚至还试着解释，说这就好比我们犹太人和穆斯林的餐桌上有禁忌，而其他人却无须顾忌一样。他彻底驳斥了我的论点。实际上，我无论要说什么，他都根本不想听，而且他也毫不掩饰这一点。要么我和别人一样吞下饭菜，要么就把我记过。每顿饭，他都会来检查我的行为。我再次尝试辩解。他还是照样什么都不想听。他让我去盛汤或打饭，命令我吃下去。接着他一边走开一边说，他还会回来的，到时候必须要看到我的盘子是空的。同学们试着来帮我的忙，时而帮我吃完，时而为了蒙混得真实一些，便故意把我的饭弄脏。他发现了，就决定在桌旁站着不走了，一定要看着我全部吞完。由于我实在做不到，他就把我周四的外出取消了，很快连周六的也取消了。我就这样坚持了六个星期。整整六周，既没有外出，也不能回家！我只得写信向家里解释。但无论是哥哥们还是我母亲，没有一个人觉得应该或可以插手。所有人都绝对尊重学校的权威。学监们也不厌其烦地给我们反复洗脑，说我们没有权利，只有义务。

说起来，碰上学监助理，也是一样的下场。他们只会发号施令，一旦谁没有立即服从，就会被“修理”。我记得有天晚上，我在寝室里，其中一个学监助理命令我把睡衣的上衣纽扣扣上。他也是个尖刻的烦人精，成天在胳膊下夹着本祈祷经书晃来晃去。我一边照做，一边大声地朗诵道：“尽管是虔徒，他也总是个人呀。”［此句出于莫里哀剧本《伪君子》（*Tartuffe*，赵少侯译）中主角答尔丢夫的台词，原文为“*Pour être dévot, je n'en suis pas moins homme.*”（尽管是虔徒，我总是个人呀。）本书作者将后半句中的“我”换成了一般第三人称。——译者注］他朝我走来，我料想他该给我处分了。但没这么做，反而表扬我妙语连珠，称赞我这么才思敏捷，说明学识渊博。有趣的是，大概十五年后，我在机缘巧合之下竟再次遇见了他。他成了巴黎一所高中的总务，而我接到了他妻子的来电，为他们某个身体不适的孩子出诊。他没有认出我。但当我让他认出我后，我眼看着他的脸变得苍白起来。这下我不得不请他安心，把当时《伪君子》中这句话的引用原委细说了一遍，告诉他，我对他罚我的几个小时留校一点儿都没有怀恨在心。可我不确定到底有没有让他安心。他还是觉得有必要继续为自己辩白，认真地坦陈，那时的他不比我们大多少，天天都活在无尽的恐惧之中。我没有收出诊费，解释说这次重逢已是一笔价值极大的酬劳。和之前一样，我也不能确定，他是否理解了我的好意。

上述的事，是趁着伙食的话题展开的。言归正传，铁腕手段的终结，是因为那一天，六年级起就开始住校、正在读高二的桌长——每张餐桌都设立了桌长——对我说："很简单，你要是不爱吃，就狠狠地放盐、狠狠地吃面包、狠狠地喝水，绝对搞定。"

噩梦从此结束。我全身心投入了所在的环境。于是，我很高兴地发现，在一群以体育为主要活动、也因此大受欢迎的人当中，还有一些和我一样的寄宿生，情愿把课间休息的时间全部拿来翻译塔西佗（Tacite，古罗马历史学家。——译者注），还快乐得无与伦比。

我想，如果不提“那些事件”——我们用这个词来指当时的战争，但事实上，战况正在升级——对我们的影响，就不能为这个阶段的记述画上句号。穆斯林同学们向我们敞开心扉，坦诚地谈到他们的左右为难，让我们见证了他们的痛苦。他们郑重其事地告白：阿尔及利亚兄弟们的殊死抗争，他们怎会无视？然而，雨果（Hugo）、拉马丁（Lamartine）、波德莱尔（Baudelaire）、兰波，雕琢了他们的敏感内心，成就了他们的人格心性，如此深刻的牵绊，他们又怎会忽略？他们的这些话，在我心中激起了强烈的回想。我与他们说着共同的母语，因此我能完完全全地体会，他们对法国诗歌怀着多么炽热的爱。这份爱必须如此炽热，才能抵偿“移植”在我们内心造成的真实的割离。我意识到，虽然我是法国人，有着从遥远年代的先人继承而来、也让我极为珍视的法国国籍，但我与我的原生文化、我的原生语言、我的原生烹调（肉桂！），依然有着深深的联结，它们成了蒙在我国籍上的一层纱，将它隐去了。我从未想到，这一争论，随着一波波移民潮掀起“融入”与“同化”概念的严重混淆，会在半个世纪后扩展到惊人的规模。接待国应当、也有权利要求移民来融入，即尽其所能、不加质疑地遵守该国的法律。但它不可以、也不应该要求同化，因为同化属于人的内在层面，并且，经过一代又一代人，它原本就可能会自然发生。

在这些对话和争论之中，我们无法忽视报刊上报道的消息，其中特别强调了叛变行为的倍增。猜疑之风甚至吹到了我们这儿，吹到了寄宿生中，我们开始监视同学中的阿拉伯人，可实际上我们和他们的关系向来都极其融洽。我们发现，他们当中，有两个人拿折叠式剃刀当剃须刀用。一场集体妄想就此启动，延续了好几周。寝室里组织起了夜间值班，先由两个人醒两个小时，密切留意卫生间的出入情况，然后叫醒下一组的另两个人接着监视，以此类推。我们可是绝对不会让我们当中的任何一个在睡梦中被割喉的。这情形一直持续到我们派出的代表公开找当事人谈话，向他们描述实情。我们别提对他们有多感激了，因为他们的反应相当智慧：他们先是大笑，然后热情地请我们确信，他们对我们充满友爱与理解，最后更是把他们狰狞的剃刀，换成了普通的刀片式剃须刀。

哈德良、维吉尔和高中会考

1956年秋

让我坐飞机，绝对不行。而且，这不是价钱的问题。我们当然知道飞机的存在，也知道有人——甚至包括我们认识的人——在搭乘。但它到底可靠吗？说真的！那东西可是在空中移动的啊。这能信吗？它不可能不掉下来。它也必须得掉下来。但就算真的掉下来，谁都不会提。当然啦，不然有人会破产嘛！许多别的事儿也是一样，谁都不告诉我们个中就里，小心翼翼地藏着掖着。所以，不许冒风险。我只能坐船。船，它的历史可久了，谁都知道。船是漂浮着的，意思就是说有支撑体，至少是水在支撑。当然，它不像火车，底下有坚硬的地面托着，不过好歹也是有支撑的。空气和这没得比，空气什么都托不起来啊！

就这样吧。我还能怎样？讲道理？去讲以前的一次次轰炸，借此提醒母亲飞机早就存在了？还是去找哥哥们帮忙、支持？他们都拒绝担这个责，而且，他们为表示中立，总站在母亲这边。说到底，这是因为我一走，我就能离得远远地、平安无事，他们却可能会被劈头盖脸地狠狠责备。做决定的人不是我。出钱的是他们，而且他们也不停地提醒我这一点。所以，我没话可说。

这种思维方式，没过几年，我又在另一个场合遇上了。

那是在我大姐姐的婚宴上。我母亲一边掌勺，一边留心饭厅里聚集的宾客有否被照顾周到。然而，客人们聊起了苏联刚刚发射到太空的“伴侣号”（Sputnik）卫星。他们没一个人相信这事儿。他们开起了各种玩笑，每个人都评头论足，还用一堆理由来证明自己怀疑得好。俄罗斯人，想编什么都行，谁会去核实？美国人也不能信。他们也在胡编乱造，因为他们都串通好了。再说，最最神圣的经文里不是教了嘛，“天，是专属于上帝的天，而地，是赐予人类的地”。这番引经据典，还搬出了希伯来语原文为证。

仗着我医学生的光环，我主动发了言，阐述了一遍万有引力定律，解释为何“伴侣号”的升空是事实。听我讲的时候，他们还算比较安静，直到我谈及发射时的初速度。此话一出，立刻激起了新一轮的异议，还演变成了一片喧哗。母亲很担心，从厨房里跑来，忙问发生了什么。二哥达尼对她说：“你儿子正在否定上帝的存在。”她转过来对着我，她的身躯那么娇小，却甩了我一个响亮的耳光，说道："你，大人讲话，你别往他们的话题里插嘴！"我被感动得说不出话来，一把把她抱住，亲吻了她。

所以，那是一种思维方式。数不清的思维方式里的其中一种而已。

我只得坐了船。

我带了两个行李箱，塞得快要爆开了，而且大部分……是吃的！除了一盒盒肉酱，还有数量差不多的灌肠、奶酪球、果酱罐头、糖、咖啡、饼干、巧克力块、面包干、袋装面条、香料，甚至还有一瓶茴香酒！满满当当、无以复加的关切，都能占下一整个座位了！只有这样，才能让一个生怕孩子饿着的母亲放下心来。

因为，这次离家，并不是件小事。比远征更甚，应该说是名副其实的流放。当年，"空间"的厚实感是真实可触的，彼此的联络也与今天完全不同。电话的使用费十分昂贵，而且，有时得等上几个小时才能接通。当我自己的孩子们长到我那时的年龄时，我便细细思量起这件事来。我不禁敬佩母亲的勇气。我这样离她远去，她怎么接受得了？她在晚年给了我解释。一个用纸牌算命的女人——母亲很迷信，一生中频频找这类人物算命——曾向她预言，她的其中一个儿子将达到相当高的社会地位。其他儿子早就成家立业了。所以，预言里的那个只可能是我，必须助我一臂之力。另外，她带着一丝玩笑的口吻补充道，她一直希望我最后能定居在巴黎，因为我父亲在的时候就已经对她讲起巴黎，她也总是梦想着有一天能去看看，尤其是看看巴黎歌剧院！总之，无论母亲的命令是否出于主动意识，一切事物都与它相关，无一例外！

负责送我离开的，是吉塔——我的大姐姐，比我大了十岁。她很高兴能担此任，她也可以趁此歇歇，尚且单身的她，每天都被母亲使唤做这做那。我们搭了火车，在旅馆里住了一夜。第二天清晨，她陪我到了码头，送我去坐“Ville-d’Oran”（奥兰城市）号。那是一艘往返奥兰和马赛的客轮。

三十六小时的航行，其中的绝大部分时间，都被我用来读《哈德良回忆录》（*Les Mémoires d’Hadrien*）了。我买来的是袖珍版装订本。之前我并不认得玛格丽特·尤瑟纳尔（Marguerite Yourcenar），但从此我成了她的铁杆书迷。

二等舱乘客在餐厅用午饭的时候，我的边上坐了一位五十来岁的男士，他主动和我聊了起来。他的举止相当优雅，让我诚惶诚恐，以至于当他讲话时，我听得极其专心、满怀敬意。他的提问，我一一回答。他读过我手里的这本书，大概就是出于这个原因，他开始对我谈起了战争——这战争分明打得腥风血雨，可人们还在竭力否认事实，比如只用“那些事件”来指代它。他对我表达了他的见解，并试图让我和他看法一致。接着，他说起了自己的经历、职业——他是多个商家的推销员——以及他到了这个年纪看待世界的方式。他的言论里，混合了悲观主义和犬儒主义，我成功避免了被他洗脑。我有那么多、那么多的期待，所以，任何警告，就算是出自一个阅历丰富的人，都影响不了我。第二天早餐时，他又朝我走来，而此时客轮正渐渐靠近马赛，于是，我向他道了别，简短但礼貌，一副家教良好、温顺清白的男孩模样。

我去客舱里取出了行李，为了避开他，走在了排队下船的人群最后。

我下了船，走了几步，放下了行李，做了一件连我自己都马上觉得可笑、但我实在忍不住要做的事情：我跪下来，亲吻了地面，用维吉尔（Virgile）《农事诗》

（*Géorgiques*）开篇诗句的方式，高声诵道："Salve magna parens frugum ô gallia tellus[1]。"（意为"你好，丰饶之地；噢，法兰西之地"。——译者注）

我没有流泪，但几乎就要流泪了。我能做的只是高兴，高兴自己找到了这个方式，向法国、这片我的脚掌第一次踏上的土地致以问候。

法国，这个于我而言，始终象征着一个诺言的国家。

法国，这个将我们带回她怀抱之中的国家。

法国，这个我大哥口中的国家。当他的阿拉伯朋友们游说他加入民族解放阵线（FLN）的崇高事业时，他回应道："法国，对于我，就是当利比亚-突尼斯边境的海关职员，用'先生'称呼我的时刻。那是我一生中头一次没有被人当"ebreo cane"（犹太狗）对待。你们还有什么好抱怨的？让你当上律师的，艾哈迈德（Ahmed），不是法国吗？还有你，你不是当上老师了吗，吉拉利（Djilali）？"

法国，这个不停向我们倾诉的国家，在一篇又一篇阅读和听写中，絮叨着它的落叶、四季、白雪掩盖的木

1 我把维吉尔原诗句中的"saturnia tellus"做了改动。（维吉尔原句：*Salve, magna parens frugum, saturnia tellus*，意为"你好，丰饶之地、农神之地"。——译者注）

屋、霜冻、冰川、湖泊、溪流、教堂……这一切，都从未存在于我们的周围，我们只能尽力想象！

但法国，更是、也尤其是拥有蒙田（Montaigne）、帕斯卡尔（Pascal）、拉辛、莫里哀、夏多布里昂（Chateaubriand）、雨果、拉马丁、缪塞、维尼（Vigny）、波德莱尔、兰波的国家。它，也是拥有龙萨（Ronsard）、阿格里帕·道比涅（Agrippa d'Aubigné）、维庸（Villon），还有《罗兰之歌》（*Chanson de Roland*）的国家。还要再提巴尔扎克（Balzac）、福楼拜（Flaubert）、司汤达（Stendhal）吗？或是米什莱（Michelet）、勒南（Renan）？又或是莫里亚克和纪德（Gide）、萨特（Sartre），还有最最重要的那位、将我们阿尔及利亚的天空与艳阳移植在法兰西土地上的加缪？

我的心中装着法国，装了那么久、那么久，以至于我早已把它压缩了起来，不愿去学那像是把它肢解了的地理。这一来，差点儿让我没通过第一次高中会考。主考人吃惊不已，见我竟然会把格勒诺布尔（Grenoble）和波尔多（Bordeaux）混淆，把土伦（Toulon）放在凡尔登（Verdun）边上，又把佩皮尼昂（Perpignan）放在北方省（Nord）、图卢兹（Toulouse）放在孚日省（Vosges）。鉴于我笔试优异、我的历史试卷被他打了19分，他便在地理上给了我1分，免得打0分，因为我虽只配拿0分，可这0分很可能会导致我直接被淘汰。

我问了路人，怎么去火车站，随后就去了。到了那儿，我发现并没有直达贝桑松（Besançon）的火车。我填给阿尔及尔大学的注册材料，被转到了贝桑松。我得先坐火车到里昂（Lyon），等几个小时后再转车。

清晨，我到了贝桑松。

下过雪了。那是我第一次看到雪。我很快就意识到，我脚上这双高雅的意大利皮鞋就要受罪了。天还黑着，街上空空荡荡。我的两条手臂各拖一个行李，朝着看到的指示往市中心走去。我走了很久，终于看到一间开门的咖啡馆。但中间我停下好几次，因为我立刻注意到一件怎么都不敢相信的事：每户人家的门前，几乎都放着一个或几个铝制的牛奶壶，顶上都放了钱。我马上想道：这也是法国，一个无人偷窃的国家。当晚，我就在家书里详尽地写下了这件事，还用了强调的语气，为了让他们觉得我没说谎，毕竟这事对我们每个人来说，都实在不可思议。

我在第一间开着门的咖啡馆前停下了脚步。吃完早饭，我点起一支高卢蓝盒香烟（Gauloise Disque bleu）。这就叫自由：我可以尽情地抽烟，不用担心万一被达尼抓到，他会大发雷霆。我送了一支给和我聊天的侍应生。他说起话来，把声调拖得长长的，后来，我也就渐渐习惯了这股贝桑松口音。我问他能不能帮我保管一下行李，一个早上就行。他毫不犹豫地同意了。

我花了一整个早上，挨家挨户地敲门，向各位门房太太介绍自己，说我是大学生，问她们楼里有没有房间出租。我遇到的净是客气和善的态度。的确，我打扮得像模像样，三件套的西装、白衬衫加领带，外面披着一件布拉米诺主动割舍下来送我的大衣。但对我来说，这又是法国，一个并不让我意外的国家。

临近中午的时候，我找到了一间房间。房间很宽敞，有两张大床，床上盖着醒目的鸭绒被。那鸭绒被很厚，厚到我忍不住问女房东这做何用——我从来没见过这样的。

我出去取行李。我把行李拖来房间，随后问大学城怎么走。

我是午饭时间到的。我了解到，当时正值第一波开饭，已经没有空位了，我得先去拿张票，然后等着。我走了几步，扫了一眼整个饭堂。那是一整间非常开阔的大厅，中央走道的周围，摆着很大的饭桌，桌边坐满了就餐的人。看样子应该有两百多人。这时，我愣住了，心中渐渐感受到一种出乎意料的气馁。我听见心里有个声音在说："他们都至少通过了会考啊！"有点儿像是我忽然意识到，这几个月来我一直活在一种错觉里。那年，我们的小城里，一共有八个人通过了会考。八个人参加考试，八个人都过了。好几份报纸登了这消息。这相当于我们这个年龄层有百分之十的人成功拿到了高中毕业文凭。此细节很重要，因为它为这个文凭赋予了价值，反观今日，这是百分之八十五的考生都能领到的文凭，价值已不复存在。人们向我们欢呼、为我们庆祝，在某种程度上，我们成了名人。我们几个总黏在一起，当走街串巷的时候，我们都知道，人们一见我们，就会用"会考合格生"的称呼来谈论我们。我们是整座城的骄傲。可现在呢，我碰上了一大群，实实在在的一大群会考合格生！怎样才能重温那份曾让我陶醉的美妙微醺？这个问题把我缠得够呛，以至于让我第一年同时考了两个第一名，一个是PCB（医学预科班的一学年）考试，另一个是牙科第一学年考试——这在该校历史上从无先例。

尽管如此，我还是处境微妙，不得不努力适应新环境中的现实。

第一个适应机会很快就来了。那是在某天用餐之后，我到大学城的小酒吧去喝杯咖啡。我正在吧台的时候，一个迷人的女孩过来和我攀谈。她一头金发、眼睛湛蓝，看出我是新来的，问我要读的是哪个专业。我震惊得回不过神来！一个女孩，而且还是个如此非同寻常的女孩，竟然主动接近一个男孩，我甚至都不知道世上会存在这种事。在我们那儿，女孩子们一举一动都要一本正经地保持矜持。要主动和一个女孩讲话，是绝对不可能的。如果想这么做的话，就必须自己想办法，让别人来中规中矩地引见。我立刻回答了她的问题。她看我年龄很大、却刚开始读大学，似乎有点儿失望，而其实，我从来都显得比实际年龄要大。她呢，她在上医科一年级。我怕她就这么走了，便对她说，为了筹学费，我在越南打了两年仗，之后又教了三年书。她被吸引了。她想听更多细节，我就成功地圆了谎。于是，她问我喜欢什么。我没能心安理得地认为是她找我搭讪，这种事在我的概念里也是不可能的。我心想，我是在体验不同于以往的社交关系，这种关系和我们过去与法国本土士兵的关系似乎属于同一类型，我们叫他们“pathos”（做作精），觉得他们幼稚得可怜。我不知从哪儿冒出来的灵感，但主要还是为了保持她貌似对我产生的兴趣，回答说，我喜欢洋蓟、尼龙袜和西贝柳斯（Sibelius）的《忧伤圆舞曲》（*Valse Triste*）。她提出一起去看电影。我们去了。随后，她带我去杜河（Doubs）河边的一个农家饭馆吃了奶酪火锅，我们在那儿跳了舞，后来，再后来……

我承认，许多套近乎的方式，可没这么让人舒服。

第二个机会，则完全属于另一个范畴。它拷问了我身份认同中的决定性元素。它就发生在几天之后。

我没多久就被大学里一个极其友善的男孩拉去做了朋友，在我看来，他好像比那位女孩更被我犹太人的异域气质吸引，而他自己也是犹太人。他很快便请我去他父母家用午餐，想向他们介绍我。我们到他家时，我立刻惊讶不已，因为楼里的楼梯竟是木制的，而不是像我们那儿一样的石头、方砖或者大理石。我由此推测，这应该是一栋条件简朴的楼房。当我们上了楼、进入房间时，我证实了自己的推测：地上铺的也依旧是木头。我还从来没见过木地板——我租的房间和大学城的建筑，用的都是地板革。我知道“木地板”这个词，但我一直以为它只是指室内的地面，与室外的地面相对。我也从没看到过这种风格的家具，我认为它们相当老旧，既不是富美家（Formica），又不是漆面的聚酯材质，而在埃利赞，这两种材料最为流行，连有钱人家也都会用。我据此判断，接待我的是一户条件普通的家庭，这让我自在不少。而尤其触动我的是，我受到了真诚满满的款待。我们坐到了桌边，朋友的母亲端给我一份吐司，吐司上放了一片奶酪，顶上还盖了一片火腿。我对她说，我不吃这种肉，请她见谅。她微笑着对我说，这些吐司是特地为我准备的，因为当天是周五，而出于对女佣的尊重，每周五她都只烧鱼。我结识了不少着实不寻常的犹太人，说他们不寻常，是因为他们不仅没有一板一眼地恪守教规，甚至还愿意配合雇工的烹饪要求。

从此，我一次又一次地体验惊奇，并在不知不觉中像个民族学家那样，拓宽着我的观察视野。

第一步

好大的医院！

1957年10月

此生首次医院实习的第一天晚上，我急忙写信给母亲，告诉她我被分配到的那家萨尔佩提耶（Salpêtrière）医院[1]，规模有多么令我震撼。我细述道，它的占地面积有我们以前住的埃利赞城那么大。为了证明给她看，我做了一大通描述，尽可能地把细枝末节都告诉她。写到后来，我终于意识到，我给她的信息不断堆积下去，实际上主要是在明确一股奇怪的不自在感，而此番感受，

1 有趣的是，我并非有意为之，却从1966年3月起一直住在离这家医院仅五百米的地方。此外，这数十年来，我经常会去第一天实习路上吃早饭的那家小饭馆里喝咖啡。

是在震撼之后产生的，我明确地勾勒它，是为了尝试排遣它。整整一天，它一直纠缠着我。我没想到，它还会继续纠缠许久。

在医院门口，我意外认出了以前奥尔良维尔的一位屠夫。如今，他在这儿负责打开和关闭专门管控入院车辆的木栏。我问他，给我发通知的科室怎么走。他回答说很远，甚至补充说非常远，像是在心照不宣地用我们俩共同的距离标准来衡量。我只能跑了起来，而且是快跑，免得迟到。要不然，从这个入口[1]到我实习的外科[2]，就得花上二十多分钟。

我对这个必须重视的因素有些不快，但这只是其次，更主要的是，我感到自己在面对一场真切的考验，可最糟糕的是，我辨认不出这场考验的性质。说实在的，我不应该在这么简单的空间问题或更确切地说是广度问题上停留。我该采取的措施，没有做不到的。我年轻、对什么都好奇、精力充沛、热忱满满。要跑多远的路，或要如何安排时间，对我来说都是小菜一碟。佐证就是，

1 此入口今天依然位于医院大道（Boulevard de l' Hôpital）。

2 如今可以从樊尚-奥里奥尔大街（Boulevard Vincent-Auriol）的入口前往，当年尚无该入口。

我已经在偌大的巴黎生活了好几天，丝毫没有什么不自在或是什么难处。为了问心无愧地说出这话，我特地认真回顾了一番前几日积累的体会。我并没有发现心生不快或是某种情绪的痕迹，我这样的心理状态，从哪儿都看不出端倪。走出我原本的小小城镇、走进首都，完全没有耗费我一丝功夫去适应。无论身在彼处或此处，我的目光都以完全相同的方式，落在建筑群的远景上，而我在两处看到的建筑，只不过是大小略有不同罢了。目光所及的建筑群之外，可能还有别的建筑群，再往外甚至再有其他，景致本身并无变化。总之，小城镇和大城市的区别，只是在于看遍后者层叠连绵的建筑群，要花上许多时间，而遇见前者周围环绕的天空和乡野，可要快得多了。大城市，和小城镇差不多，只是宽广不少。此外，楼房、名胜、市政厅、警局或高校的规模，也一个都没有对我产生震慑。如此思考的时候，我意识到，这关于“庞大”的问题，并不是严格意义上的面积大小的问题，也不是某个特定对象，即医院的大小的问题。无论有什么样的理性能让我用来看待这家医院的大小、又在之后看待其他建筑的大小，这份理性都似乎与某种偏见相冲突，然而我不知道这种偏见源头为何，可毫无疑问，它是真实存在的。

我得出的结论，虽说并不充分，却让我以紧绷但习惯了便能克服的方式，从头到尾经历了一遍我和各家医院的关系。每次进入其中的一家，我都会感到别扭，但我最终还是对这股别扭习以为常了。我甚至在整个职业生涯中，尽量安排我的病人们去小型医院住院，从而成功地将我别扭的程度降低。而精神分析治疗，在我从未专注于这个问题的情况下，帮助我同时摆脱了我的不自在感与偏见。

这份不自在感，纠缠了我许多年，我很快就试图明确地定义它，却没有成功，可是我又必须去回忆它。站在我如今的角度，以一定的距离看待过去，那么，对于这份不自在感，可有什么说法？是说，在其中发生作用的元素应该成了保护屏，并可能至今仍在做着保护屏？这保护屏是在遮盖什么呢，我依然不知，而且，在我决定回想这些的那一刻，我甚至不知道自己是否能够发现得了被遮盖的内容。

问题到底出在哪儿？

绝对不是巴黎那些医院的规模，也不是这规模让我从第一眼开始就长期陷入的不自在感。

这就意味着，在细究规模之前，应当针对“医院”思考一番。首先，要思考“医院”这个能指的承载内容，同时承认，接下来这一承载将可能根据实际客体的广博程度而增加。

第一个显而易见的事实是，医院，是治疗的场所，而我们在医院里的实习，是为了带我们了解这些治疗，并尽可能地把这些治疗的具体实践教授给我们。

医院，是医治人的。人们住进医院，是为了接受医治。

不过，医院不仅仅是提供治疗、以病人康复为目的的场所，在这里，这些治疗也可能不幸失败，导致接受治疗的活人死去。

所以，在医院这个场所，为生而打响的战役，是可能会失败的，于是只能承认死的得胜。也所以，在这个场所，医学生必须直面，乃至必须习惯于这套痛苦却回避不了的辩证。

然而，这样的场所，并非只有医院。

大学也是。

实际上，大学提供关于人体以及人体的运作因素和运作机制的理论教学，但它并不止步于此。它还提供实践课程，从而进一步阐释并强化理论教学。

首先就是从一年级起开设的解剖实践必修课。此课不仅是为了巩固解剖学的理论教学，同时也让人对尸体建立起熟悉感，而这种熟悉感，也许会有助于我们和死的现实稍作妥协。

今天，在大多数医学院，解剖实践已不再属于必修。解剖学入门，通过成像，也就是断层扫描仪和核磁共振的研究，传授给学生。但在当年，我们必须通过与尸体实实在在的接触，才能学习——这字眼可不轻松——如何应对现实。这绝不是件小事，就算是那些表现得满不在乎的人，也无法泰然处之！

想象一下，圣神父街（Rue des Saint-Pères）医学院的八楼、那间专为此课而设的庞大教室。几十张桌上，躺着一具具macchab（“死尸”的通俗说法。——译者注）——我们一遍遍练习大声地喊这个词，既是在模仿以前的医学生，也是在佯装自己不为所动，但事实上，只是看一眼，就会忍不住不寒而栗。这些男人和女人的尸体，毫无血色，基本已没有什么人类特征，因为每一具都经过了特殊的防腐处理。我注意到，桌旁围着的十来个学生中，大多数人虽然在努力显得无动于衷，实际上却都和我一样，尽力避免去看尸体的脸。当解剖演示员讲解完该做的步骤后，最没心没肺的学生就会马上抓起手套和工具，立刻动手解剖。其他人不是在一旁看着，就是转身去忙别的事儿，或者互相聊起天来，不过都只是窃窃私语。仿佛这个场所原本就规定要保持相对的肃静一样。这算是在呼应“死一般的寂静”之说吗？但随着一堂堂课的继续，虽然大家没有说出口，但每个人都在试图克服内心的反感，不想被左右的同学看成胆小鬼。我还记得，就我而言，我一直都和桌子保持一定距离，因为我意识到了自己对解剖——我从来都没有真正动手操作过——的反感，正如我也意识到，自己拒绝表现得不以为然，也拒绝讲“macchab”这个词。在我看来，这些尸体都是人，应该得到和生前一样的尊重。兴许，我会有这个想法，是因为我虽未真切地接近过死者，我经历的人生里却已有过许多位故人，而关于他们的记忆，始终在被纪念。身边同学们在我想象中的心理状态，甚至使我质疑自己是否有能力继续学业。我难道不该努力一下吗？比如，不再离得远远的，好歹看一看正在发生些什么，瞥一眼某条神经的走向、某个肌肉组的附着、某条动脉的分支。

我正处于这种状态的时候，忽然发生了一件令人诧异、不可思议的事。

那天的课堂主题，是从颅骨中摘取大脑。步骤应该从切割并掀起头皮开始，接着锯开颅骨，看到颅顶部，随后将这个颅顶揭掉，由此处触及大脑并把它摘取。每个小组都正忙活的时候，突然，教室的一角出现了一阵强烈的骚动。在好奇心的驱使下，我趁机从自己的不安中逃离片刻。我想，每个人也应该都和我一样。我挤进了围观的人群里。原来，某张解剖桌的解剖组长，没有在颅骨中发现大脑，而是发现了一团随意揉皱的报纸。他取出报纸，好奇地展开来。那是一份《人道报》（*L'Humanité*）。标题一出，就足以引爆一阵哄笑和喧哗，只听有人大叫道："洗脑灌输啦！洗脑灌输啦！××滚去莫斯科！"接着，别处也很有节奏感地回应道："枪毙法西斯！法西斯必败！阿尔及利亚独立万岁！"共产党员受到反对者们的激烈抨击，差点儿升级到动手的地步。几位解剖演示员不得不介入，才让秩序稍稍恢复一些。其中的一位向我们解释道，这具尸体应该是在人离世之后经历了尸检，其大脑一定是为了接受更深入的研究而被提取了。这就是为什么会有报纸出现，报纸团的体积，正好可以方便重新合上颅顶部，然后再将头皮缝合，让尸体保持像样的外观。课堂解剖操作时涉及的部位，在尸检操作部位的旁边。只要留心找一找，就能发现尸检的痕迹。于是大家就这么做了。

场面恢复了平静，各组都重新回到自己的位置上。然而，谁都没有想到，这起事件带来的后续，扮演了多么重要的角色。随着叫喊与对峙的爆发，生的气息忽然涌入这个场所，而就在那一刻之前，这里还被寂静占据。因为在那一刻之前，每一个人，就算是那些充好汉的，都只有一个目标：靠慢慢习惯、调节感官、掌控情绪来走出自己的不适感。可我们执着的目标，遮掩了一个事实：我们不断操练、称其为“macchab”的对象，曾经都是活生生的人。我们一直专注于否认死亡，但否认，反而使死亡变得更具侵略性、更骇人听闻、更沉重残酷。意外发生后，气氛轻松了起来。窃窃私语消失了。就我自己来说，面对执刀解剖的同学手中的一举一动，我发现，自己不再逃避了。我甚至重新吃起了鸡肉，因为几周以来，它的外观和肉质都让我情不自禁地想起尸体。对别人的逗趣，我也终于笑得出来了：大学食堂的侍应生在往我们的餐盘里分牛肝的时候，向我们保证这肝是从八楼来的。

综上所述，我回到先前的话题，医院的规模引起了我的不自在，我尝试弄清就里，最终，在我从未专注于这个问题、也从未关注其存在与否的情况下，精神分析疗法成功地使我摆脱了这份不自在。或许，和其他许多事一样，这也是我对母亲的细细讲述带来的额外益处之一。

但如今，这件事，在我着手写下的这份记述中主动再现了。我写它“主动再现”，并强调这个说法，意思是我并没有决心要拿它来作为开篇。正如在优先采用自由联想的分析方法中，一个现身的意念会做的那样，它非要来到我的面前。我的意图是写——身为医科生，我迈出的许多个第一步。而立即到来的，就是这关于萨尔佩提耶医院规模、随后又是巴黎各医院规模的事儿。

随着我渐渐写下这些文字，我试着理解此事的含义，但未曾自问，我是出于什么缘由才给母亲写下此信，且在写的同时，内心深处感到这份被我细致描述的庞大，已经让我很不自在。

我再回到这一点上，因为我先前已暗示过，在我看来，这份庞大，似乎有着普通得不能再普通的后果，就是让医院从此带着这个特征、不容置疑地矗立于世。医院，无法不被觉察。它是避不开的。它是真切的。它也是惹人注目的——没错，与“惹人注目”的字面意思完全符合。

这最后一个特点的发现，让我顿时联想到，母亲对医院的存在一直怀有恐惧，并且，她也从不羞于、也从不掩饰这份恐惧。

她希望医院从来都不存在、哪儿都不要设、以后也不可以开。每搬到一座城市，若是出门的必经之路上有一家医院，她都会刻意绕路，免得从它门前走过。说起来，她从不对这个恐惧症的来由遮遮掩掩，只要谁想听，她都会讲。她一辈子唯一一次踏进医院，就是去奥尔良维尔医院的停尸间，确认她溺亡的十六岁儿子沙乌勒的尸体。她以这种方式表达的恨意，恰恰说明她无论如何都无法从孩子亡故的阴影里走出来。

而我，我在向她描述萨尔佩提耶的庞大时，究竟是在做什么？

我是不是正在让她意识到，随着我踏出人生中迈进医院的第一步，我这辈子的一部分时间，都将在这类机构里度过？我是不是正在提示她，她应该因此饶恕我没有与她的恐惧症站在同一边，或者说，饶恕我对她某种程度上的背叛？

这个假设看似站得住脚，实际上却不能成立。因为，她从未强迫任何人附和她的意见态度。再说，对于我的学业将部分在医院进行的事实，她不能不配合、支持。那么，为什么我会觉得有必要给她发送那奇怪的讯息呢？为什么我会认为，自己应该专注于她那恐惧症的字面意义，而不是去琢磨其中内涵呢？她通过自己这全部的态度，在不停地述说着什么呢？难道不正是在述说，她会永不止息地呐喊内心对儿子之死的激愤吗？如果说，我本人始终在意她外露的表现力，这不正是因为，她允许我以这份表现力为保护屏、也允许我无视屏下被遮盖的内容吗？这不也是因为，我从内到外都拒绝触碰这被遮盖了的……我哥哥的死吗？

所以，因为慢慢触及他的死，也触及与其相关的一切，我便开始留心，让我的症状务必成为我的保护。然而，在之后的一封封来信中，母亲关于我对医院的描绘只字未提。她的沉默，虽无声，却照样质问着我的态度，甚至质疑着我态度中的模棱两可。这份沉默，也许象征性地成为某种形式的揭发手段，暴露了我与现实所做的妥协，同时对我曾表过的忠心提出怀疑，毕竟，效忠可以掩盖满不在乎的神情。要我独自揭开这样的被压抑内容，我从没成功过——再说了，怎么可能成功呢？曾经是成功过，但就如我已叙述过的那样，在我精神分析的最后，却没能成功。我借此感叹，她的记忆是多么地值得钦佩，我也估量了这数十年里，她在心理调整上所花的工夫。通过这趟人生历险，她向我呈现了一场震撼我心的演绎，极为严谨，又几乎称得上是一部神话故事集，有板有眼地罗列细节、着重强调历史的分量、于悲剧降临时分清担责者，还彻底撇清了我与这起悲剧的关系。

由此，我还领会到，无论她在此事上怎么说，也无论她说的话怎样减轻我的罪疚感，有一件事是她无法触及的，而她未被告知过这件事，而且，它的突然涌现让我惊愕无比。我是在父亲过世两个月后出生的，我的整个童年，都在难以忍受的哀悼氛围中度过，不时还有她余音缭绕的丧事悲歌来烘托气氛。我急切地想要走出这种境地，盼着有朝一日这一切能结束。哥哥的死把我所有的盼望都毁了。虽说这看起来有些愚蠢，但我应该是在心中酝酿出了一股针对哥哥的强烈愤恨。兴许就是在那是，我在想象中向他发起了挑战。既然，他能主宰母亲，而且是从父亲诅咒的那晚开始就一直主宰着母亲，而母亲呢，日夜不停地惧怕着他的死去、又在医院的停尸房亲眼看到了死去的他，那么，我要把他赶下宝座，我要做她的主宰，也就是要她在医院里也亲眼看到我，活着的我。

再没有比这更虚妄、更愚蠢的念想了！

也是必定失败的念想。

因为，活人，从来都无法与死人较劲。

花束

1958年11月

都是自选座位带来的缘分。早上8点，医科一年级第一次实习的第一天。在外科部的大教室里，我发现，坐在我左边的那个戴眼镜的男孩，正和他左手边的邻座交谈着，很明显，两人关系很熟。我听出了他们的“黑脚”口音，便留心听他们在聊些什么。他们在交代各自的近况。两人都租到了房子，彼此描述着特征、地址和租金。由于我自己还没解决住房问题，我就插了嘴，问他们有没有什么渠道可以推荐给我。这下，他们也听出了我的口音，马上问我是哪里人。课还没开始上，我已经了解到，他们一个叫吉尔（Gil）、一个叫加斯帕尔（Gaspard），来自阿尔及利亚东边的同一座城市，读的同一所高中，在图卢兹上的PCB（医学预科班的一学年）。我们的血统，从同一个地理位置而来，我们也有着同样的求学经历。显然，我们都试着让自己向本土迁移的过程有所缓冲，先经过某个外省的城市，才来到巴黎——我经过的是贝桑松。可我们都承认，即便有了缓冲，一到巴黎还是完全找不着北。很快，我们发现，我们都酷爱足球和美国西部片，尤其痴迷夏尔·阿兹纳夫（Charles Aznavour）和吉尔贝·贝科（Gilbert Bécaud）。当年，这两位歌手才出道不久，但他们的每首歌都被我们熟记于心。我们也当然与阿尔及利亚的叛乱有切身关系。正是这场叛乱，把我们带来法国深造，而不是留在受恐怖行径重创的阿尔及尔。吉尔趁此时机告诉我，两年前，他的母亲在家族农场里被费拉加（*Fellagha*，阿尔及利亚或突尼斯在法国统治时期争取民族独立的穆斯林游击队。——译者注）杀害，整个过程几乎是当着他的面发生的。他的父亲早五年死于癌症，自此，全家就只剩下他和一个已经嫁人的姐姐。加斯帕尔对我说，他的父亲是裁缝。见我大哥也是裁缝，我们便被这巧合逗乐了。我们三个都觉得，我们的阶层和出身都一样。我们互相认定为好友，从此形影不离。从第二天起，只要有谁率先到达实习地或学校课堂，就会为另两个人占座。至于实习和学校的课，我们都决心发奋努力。我们这样同进同出，差不多维持了两年，包括登记相同的大学食堂、一起自习、互相帮忙复习迎考、选择相同的实习。直到后来，加斯帕尔组建了家庭，住在巴黎大区，就渐渐和我们疏远了。不过，吉尔和我还是照样结伴出入。话说，我们至今还会见面。不得不说，我们俩有着同一股狂热：一样的适应障碍、一样的恐惧失败、一样的祸福变迁，都阻挡不了我们奔向成功。另外，我们还迅速地发现，我们只要一起自习，就恰好显露出互补的禀性。吉尔的归类和概括意识极强，擅长掌握所学所见的整体概况，而我无底洞般的好奇心，则让我比较容易陷在细枝末节里。几小时的自习过后，他又吸收了自己觉得可以忽略的新知识——这么想并没有什么依据——而我呢，我终于把正在钻研的那门课该怎么归类、怎么应用给弄明白些了。我们没有旷过任何一节课，我们也当然是选择进同样的医院科室，直到我们开始分专业各自上课为止。但即使分了专业，我们依然继续互挺，私下没少替班。

在我们人生中的一段漫长时期，我们不断亲眼见证着彼此的岁月轨迹。这些天，我给他打了电话，想要确认一下，我对发生至今已整整六十年的事情有没有记错。

重回我脑中的那件事，也是我想讲述的那件事，发生在加斯帕尔还和我们结成三人行的时候。那是在秋天，上医科二年级的我们刚刚开学。

当我们去注册医院实习时，所有实习名额几乎全满了。我们三个坚持要待在一起，但已经没这样的实习可选了。唯一一个能够符合我们要求的，显然不受欢迎，因为它的空位还有十五个。这份实习是在克里姆林－比赛特（Kremlin–Bicêtre）医院的综合科。那是我头一次听闻这个市郊小镇的名字，我还记得我自问——吉尔和加斯帕尔都不屑一顾，觉得我好奇过了头——这小镇能与苏联政府的中枢有什么关联。我想象着，镇政府管理者应该是共产党，估计在共产党很强势的当年，获得了支持，硬是加上了这个前缀。那时的我没法得知，实际上，小镇之名取自一家小旅馆的名字。拿破仑手下的一位士兵从俄罗斯战场还乡之后，便开了这家叫作“克里姆林中士”的旅馆。

综合科没什么可吸引人的，也许这就是它不受待见的原因。三四栋预制楼，没有一丝一毫的风格或美感，楼里一排排的集体病房，躺在床上的尽是年迈的病人。病房按男女分开。当实习监督护士长把吉尔分到一间女士病房时，我们便请求把我们分到一起。对远离母亲身边的男孩来说，这种对于年迈妇人的情结，大概再平常不过了。很快，所有护士都发现我们仨难舍难分，只有监督护士长除外，惹人烦的她紧盯着工作人员的纪律和守时，吹毛求疵到了极点。我们被分到了相同的病床数。我们心照不宣地思量，要是我们其中的一个碰上了什么新鲜事儿，一定得分享给另两个。再说了，我们怎么可能会藏着呢？

没过多久，我们就注意到，我们是被放任自流的几个。

谁都没有为我们安排任何课程、教学。对于每天得陪同见习医生的住院实习医生来说，我们的人数少得可以忽略了。这位住院实习医生说，照顾我们不属于他的工作，而且，科室都等了好多年了，只等上面至少拨一个主治医生的职位来，而他和这事无关。我们还是跟着他，试着熟悉他让见习医生听写结论时用的词汇。每周，这位“老板”会来视察一次，身后跟着阵仗不小的一群人。照我说——除非有人会倒过来说——他是他科室的化身，一样没什么吸引人的。又矮、又老、又丑、又驼，还有糖尿病。不知有多少次，他都在做检查或说话时忽然中断，大叫起来：“糖，糖，我需要糖！”于是，女监督护士长匆匆赶来，从始终放着糖的罩衫口袋里掏出几块，递给他。他会吃下三到四块，宣布自己好些了，然后继续做手头的事情。我们也加入了他的“仪仗队”，但我们听到的一切，对我们来说都像天书。

可我们还没学多少解剖学概念、没学几个化学和生理学原理，面对我们完全没有接触过的病理学，我们又能懂得多少呢？那么，我们只能尽力而为。身上套着白大褂、脖子上挂个听诊器，我们走向一位听说肝肥大的女病人，或是另一位脾脏肥大的，又或是右肺底啰音很重的。我们请这位病人允许我们摸摸她的肝，另一位病人让我们摸摸脾脏，再另一位病人让我们听听肺部。经过同意后，我们就轮流执行。别的时候，我们给人量血压，或是看着护士们执行护理措施，期待着其中某个善解人意的能教我们打针。这些能做的都做了之后，我们就去坐在某位病患的床边，拿她的病历来看，但大多数时候，我们基本都看不懂。这可没有想象的那么简单，因为病患们都把我们当作那类我们压根称不上的医生，她们会把自己的情况再对我们重复一遍，最后问我们一些我们不一定能蒙混过关的问题。我还记得，有一回，吉尔碰上了棘手的情况，甚至非常棘手。他全神贯注地读着一位病患的病历，那位女士坐在自己的床上，黄疸严重到面色都已成了茶褐色。那是胰腺癌的主要病征。按照当年的规矩，是不能向患者透露癌症诊断的。估计她也明白了，自己得不到什么明确回复。这下，她见吉尔对她的病历那么感兴趣，觉得机会来了，可以向这位眼神如此温柔的年轻医生提问了。她问道："医生，我还有多少年能活？"他正沉浸在让他颇受震动的阅读里，被这么忽然拉回现实，他用自己都不敢相信的夸张声调惊呼起来："年？？"眼看着对方泪如雨下，他迅速意识到自己犯了多么严重的过失，便立刻接着说："是几十年啊，夫人，几十年！您别担心，没事的！"说完就悄悄溜了。

我们铁了心要学东西，但我们怎么都找不到愿意教的。我们不停地缠着那位住院实习医生，于是，他让我们去找某位见习医生，而后者姿态甚高地瞅着我们说：

没时间。这件事当中，最有趣的是，就在几个月前，我偶然撞见了这位见习医生。可见，人生为我们存留了多少惊喜。我早就没有再见过他了，而他后来则在医院系统立足了。我当然认出了他。他却不太想得起我。我提到了那个年代，也提到了他当时的行为——想象一下，两个老头正絮絮叨叨地讨论遥远的过去！他想起来了。他向我解释，其实，他有点儿嫉妒我们，因为他比我们年纪大得多，而我们接受的教育和我们的年龄相符。他呢，在进入心驰神往的医科学校之前，被迫顺从于父亲的要求：成为巴黎政治学院（Sciences Po）毕业的法律博士。

在这种情形下，很容易想象，当天气不下雨、科室助理通知我们有堂两小时的课可以上时，我们是多么兴冲冲地急忙赶去。那堂课不知为何也不知怎的，是在某一栋楼对面的草地上进行的。这一切想必无聊透顶也粗制滥造，不然，记忆力强如我，断不会想不起丁点儿可能捞着的新知识。那是一位生理学学者，专门来向我们介绍自己的研究领域，吐露一下他遇到的难题，借此看看我们惊讶的反应。他教这些，大概只是为了应付应付科室对实习生们的教学职责。我们每天必须去“大能的”

女监督护士长那儿签到，也必须有人为我们打分，这样实习才能作数。若没有做到这两点，我们就很可能要留级重读。

接着，某天早晨，发生了一个奇迹。

我们三个走进病房时，看到某张正对门口、归加斯帕尔管的病床上，有一位年轻的女孩。也许是被年迈妇人围绕的缘故，她显得愈发年轻了。她真是迷人。小麦色的肌肤，黑色的长发垂在肩头，大大的黑眼睛配着浓密的睫毛，气色甚好，鼻子完美、双唇丰盈。我们三个急忙向她走去，完全不顾加斯帕尔的反对。他使劲强调，她的病床归他管，照顾她的只能是他、也首先是他。她朝我们微笑起来。我猜她或许是笑我们争相表现自己的笨拙样。腼腆的人才会这副模样。我们就属于这一类。我们都没有在谈恋爱。加斯帕尔左一句右一句地献殷勤，并不知道怎么好好利用那张帅气的脸蛋。吉尔想着趁接下来的几次假期，和一个在老家等他的女孩订婚。我呢，我还没走出最近和初恋的分手之痛。这回，和一个同龄女生相遇，对我们来说简直是意外良机！我们的兄弟情谊，眼看就要产生裂痕，因为三个人都觉得自己有权利按自己的意思出牌。不得不承认，迪亚娜（Diane）很美，美到只有疯子才不去幻想捕获她的芳心。求偶表演就此展开。与其关心她的病情，我们不断试着吸引她的注意力，每个人轮番上前自我介绍、自报家门，而加斯帕尔从不会忘记强调一番，她的病床在他管辖的那一排里，他将全心全意为她效劳。她听我们讲的时候，双眼闪闪发亮，嘴角的微笑里既有欢乐又有柔情。她充满女性的典雅，又处在女性的优势，因而在这样的情形下，总能对眼前的场景超然处之，坦然地品味着我们的倾慕之词，从不纠结是否该回应或赞许。待我们卖弄完了，迪亚娜告诉我们，她也是大学生，读的是文学预科（文学专业的第一学年），将来打算专攻哲学——所以，她比我们小。之后，她带着半懊恼、半逗趣的笑容说，她已经和一个叫纪尧姆（Guillaume）的订了婚，他快从巴黎政治学院毕业了。前一晚，他们一块儿去了巴黎歌剧院。在歌剧院，她忽感不适，照纪尧姆的说法，当时的情景十分骇人。歌剧院的值班医生赶来查看，立刻打电话叫来了救护车（当时法国还没有今天的SAMU，即医院前急救系统），把她先送到了另一家医院，但那里没有床位了。而我们的科室还有一张空床位，于是，她就从那儿被送到了这里。

既然她提醒了我们要注意自己的医生身份——我觉

得应该说是半吊子医生——我们便认为必须对得起这个身份。我们给她量了血压，当然是量了三次，由加斯帕尔先来。为了听她的心跳，我们轮流把听诊器放在她的胸部。看着她柔软的左侧乳房，我们心头直颤，只好努力显得不为所动。我们照着从别人那儿看来的做法，按压她的腹部、肝、腋窝，忍住不去细品那肌肤的丝滑。都是三次，一边装出一副严肃又专注的假面。但是，我们摸到了什么、没有摸到什么，当然是一个字都说不出来。我们还没有把自己的感官校准到位，就算我们模仿了那些摸肝部、脾脏、肺部的手势，实际上却还差得远呢。我们找不到什么词来表示感知到的东西。我们只好交换眼神，用动作和表情来互相表达自己的尴尬。我们能够肯定的是，病房空了，各张病床上躺着的年迈妇人都不见了，她们不存在了。我们全都很窘迫：我们三个的窘迫，是为自己的无知和无能为力；她的窘迫，是因她被宣告患病，却不知所患何病，并且还没有医生——真正的医生——为她检查过。于是，我们决定去找一个医生来。估计是因为我身高最高，或是看上去年纪最大，总之，大家决定由我去找。最后，我找到了那位住院实习医生。他对我说，他可能临近中午的时候来看她，一拿到昨天夜里索要的一批检查结果，就会过来。我把信息复述了一遍，大家都松了口气。我们也尽力安慰她说，她这么年轻又美丽，也许没什么大事，估计没一两天就能出院了。

早晨剩下的时间里，为了让她感到振作、放松、愉悦，我们使出浑身解数，围着病床上的她，给她讲笑话，一起聊家人：我们聊我们的家人，她聊她的家人。纪尧姆的事儿我们也都了解了一遍，他是个网球迷，我们却是足球迷。不过我们还是原谅了这一点，因为他还是喜欢西部片和夏尔·阿兹纳夫的。既然原谅了这点，我们干脆决定，待她一出院，我们就把他拉来，组成四人兄弟组。她把他的电话号码给了我们，强调说他这样就能有她的消息了，也能知道她有那么多人细心地照顾着，他一定会很高兴的。她鼓励我们在电话里告诉他，我们关于将来组建的四人组，构思了哪些美妙的计划。我们向她保证，等晚上学校的课一结束，我们会立刻打给他。就这样，随着我们回学校上实践课的时间越来越近，我们越发觉得，仿佛和她从来就相识，仿佛我们从来就像幻想中的那样相爱。

我们和她行了好几次贴面礼，一个接一个地假装吃醋，只想再问她多要一个亲吻。

我们在站台上等公交车回学校的时候，充满了幸福感。我们不停地重提方才对话中的这个或那个细节。我们一致承认，对一个美貌无可争辩、却已名花有主的女孩，我们竟还这么固执地“爱着”，的确很古怪。我们互相安慰说，不管怎样，我们还是当了一回正经医生，因为看样子，我们让迪亚娜感觉好些了。我们甚至开始思考，这份职业的这一面和那一面难道不是一样重要吗？

我们在食堂边用午餐边彼此坦陈，我们感到自己被刚刚经历的事改变了，而且是往好的方向改变。吉尔和加斯帕尔很赞同我的金玉良言：虽说还没一脚踩上马镫，但脚趾头已经踩上了（法语原文“一只脚踩上马镫”为俗语，引申义为事业起步。——译者注）。

那天的解剖实践课上，我们被分在不同的小组进行解剖操作。接下来的那节课，讲的是神经系统解剖学。我们还是一样地心情舒畅，特别高兴这一天能以D教授的这节课画上句号。他的教学方法和艺术感，真是精妙绝伦，绝对配得上座无虚席的整个阶梯教室为他起立欢呼，把演艺圈超级巨星们的人气都比得相形见绌。

我们这一代，对学习的渴望热切无比，且始终想要学得多些、再多些。也许，这是缘于人们在最近那场战争的恐怖年月里所经历的一切。从为人父母者开始，每个人，都展现出惊人的求生欲。这样的心性，造就了我们的力量和决心。

第二天，在医院更衣室的门口，我们发现彼此都提早到了。这一点儿都不奇怪。我们一看，每个人的右手都藏在了背后，便忍不住大笑起来。我们的心思都一样，而且我们发现，三个人想到一块儿去了，都给迪亚娜带了一束花。吉尔带的是紫罗兰，加斯帕尔挥着一束花毛茛，而我的则是银莲花。我们正拉开柜子、取工作衫的时候，女监督护士长突然赶来，用专横的嗓音和恶狠狠的声调说，有人等着我们去阶梯解剖室做尸检。我们急着要回到前一天的状态里，便对她说，我们不知尸检是什么东西，也肯定不知道怎么操作。她把我们责骂一通，说绝对不许我们逃过这个差事，说这算实习的一部分，说这不仅是学习的机会、还是命令，说负责解剖室的小伙子会指导我们、把所有必要信息都给我们。她还补充道，接下来会打电话给他，看看他怎么给我们打分。我们试着跟她商量晚一些去，向她保证我们一个小时后一定到场执行这份任务。她什么都不想听，说有人在等我们，必须马上就去。

这给我们当头浇了盆冷水。我们就收了声。

我们把花束搁在柜子里，顺着她给的路线找去了。

吉尔和我，我俩问加斯帕尔有没有和纪尧姆说上话，因为揽下致电纪尧姆这桩活儿的，自然是他——迪亚娜不是在他管的那一排吗？他回答说，没说上话，纪尧姆不在家。不过，他痛快地把我们商量好的话留给了他的母亲，托她转达，而她回答的时候字斟句酌得厉害，甚至把整个白天发生的事儿都对他讲了一遍。于是我们说好，就算纪尧姆在下午的探视时间已经来看过迪亚娜，我们也应该要再给他打一次电话，和他讨论一番怎么把四人组办起来。加斯帕尔答应一定会打。

走着走着，我们开始谈起即将面对的这堂新课，互相坦陈解剖实践课让我们作何感想。我们仨全都觉得不自在，于是自问，不知和一具新鲜的尸体接触，会对我们产生什么影响。

解剖室在地下室。我们按了铃。一位男士开了门，问我们是不是别人派给他的那几个新手，然后下令让我们跟他走。

他没有介绍自己，不过我们已经明白了，他就是

“解剖室的小伙子”。他把我们带到一间半圆形的课室，墙壁和地板是清一色的粗制混凝土，靠一扇大窗子照明。早晨的阳光，透过黄色的窗玻璃洒进来，却并不能减轻这里的阴森气息。我们实在浑身不适，连互相对看的力气都没有。他面对我们，倚着一张也用混凝土做成的宽大桌子，开始给我们上课。

他整个人都让我们反感。身材挺矮，一头浓密的黑发，被左侧的头路一分为二，一张萎靡不振的脸，被一双巨大的眼睛占去大半，前面还挡着一副厚厚的远视眼镜。他把一条宽松的围裙系得很高，一直提到胸前，底下衬着的大褂以前应该是白的。他开始向我们讲解，但他粗俗的用词和腔调加重了我们的不信任感。他解说道，首先，应当把一具死去的人体看成一个物件，最普通的物件，和随便什么物件都一样，仅此而已。不得把任何特殊性添加进去。他强调说，尸体已经不再有特殊性了，因为所谓的特殊性，都是由生命赋予它的，而它里面已经没有生命了。他重复着这条信念，指望把它传授给我们，还絮叨了许久自己对事物的看法，叫我们相信他是对的。他进一步论证说，要是这概念不对的话，我们怎么解释他在这行干了十五年，却从没受过半点失眠的困扰？我们都靠墙站着，虽然没有交换眼神，但感觉得到三个人都在翻白眼。大概我们每个人都认为这是个必须面对的考验，同时也是必须掌握的学问。接着，他开始不厌其详地解释尸检在医学进步中的重要性，连历史细节都谈到了，让我们兴趣大增。随后，他讲起了尸检的技术层面。我们应从皮肤开始检查，检查时必须注意并指出任何最细微的异常，就算显得无关紧要，也要注意。接下来就要去证实异常，要运用中央切开的技术，从胸骨切到耻骨，从而探入各个器官，按照十分确切的顺序将它们摘取、查看并称重。然后他说到了摘取大脑的方法。我们全神贯注地紧跟他的讲学，没想到他忽然跑题，对我们聊起他有一回解剖一位女子的时候，从她身体内部抚摸她的胸部，感觉有多愉悦。边说，他还边做起了手势。他又吐露，自己常常会想起这个场景，而且，坐地铁的时候，每次碰上有女人轻蔑地瞄他，他都会在心里边幻想边默默发誓，有一天会用这个方式摸她。到这一刻为止，我们一直都没有对视，但这一刻，我们垂下眼睛，试着把目光悄悄抬起，交换个眼神。我们很想告诉彼此，我们都觉得很不舒服。可能我们三个都在想，我们碰上了个卑鄙得不能再卑鄙的精神病人。更何况，他继续着自己的高谈阔论，内容同样猥亵。我们没再往下听了。后来，我们在交谈中发现，当下，我们有了同一个想法，就是遥想回到岗位之后，会有多么大的快乐等着我们。我们就暂时躲进了这份遥想里。我们仿佛看到了迪亚娜幸福的模样、她见到三束花时的神情、礼节性的嗔怪，还有对三种选择的评价。她会不会甚至赏我们一番巧妙的细语？而说起这细语，其中的秘诀，只有她知道。她听到加斯帕尔没能和纪尧姆说上话，一定会失望吧，虽说昨天纪尧姆来看她的时候，她已经对他说起过我们，也说过我们的计划了。我们的脑海里一遍遍地上演着憧憬中的场景，时不时地互相对看一眼。忽然，只听这位可怕的家伙用近乎凯旋式的声调宣布：他这就去把一具死于急性白血病的尸体找来。我们又对看一眼，用不着开口，就知道大家都觉得恶心透了，随时都想拔腿就跑。我们照他吩咐，去套上了围裙、戴上手套，恶心的感觉丝毫未减。

他推着一个带轮子的担架回来了，担架上的尸体包在一个防水的灰色袋子里。他叫我们靠近桌子。他站在桌子的另一边。他用两只手攥住裹尸袋的边缘，熟练又粗暴地提起、展开，尸体便顺势面朝上地躺在了桌上。

我们错愕至极。

我们动不了、发不出声，更无法对视。

是迪亚娜！

迪亚娜。

几十秒，仿佛过了一个世纪。直到他的骂声把我们叫醒。他大吼，说我们真是走了大运，第一次上手就碰上个这么娇美的姑娘，而不是什么老男人，更倒霉点儿就是老女人。他还补上一句，要是我们愿意，不妨用他的法子尽情摸一摸。

他向工具桌走去，命令我们立刻开始，并说他会好好盯着我们，到时候写个报告交给女监督护士长。

我们处在一种奇特的状态，近似于被催眠或是悬浮半空，导致我们的手势变得机械化，又招招违心。我们连呼吸都很费力。我们检查了前一天刚欣赏过的皮肤，上面没有丝毫异常。我下刀要做中央切开，被斥责动作太慢、太不果断，而就在这时，我听见背后的加斯帕尔对吉尔低声说，他刚才做了阴道触摸，发现逝者并非处女，说明她至少是体验过了。多么可怜的慰藉！

我们继续执行着规定任务。

我站在桌子的一头，开始进行大脑摘取的步骤，吉尔和加斯帕尔则把手伸入腹部、仔细探索。突然，吉尔说他感觉到一个硬邦邦的东西，得想办法取出来。紧接着他意识到，自己那两根手指捻着的，是加斯帕尔的一根指头。我和他们一起失心疯般地狂笑起来，而这狂笑，很快就演变成剧烈的啜泣。

我们哭得撕心裂肺，哭了很久。那可怕的家伙本就把我们看成小男孩，这下还以为我们只不过是娘娘腔、新手慌，便鼓励我们无情一点儿，说自己所言有理。我们绝对不可能告诉他，我们曾与迪亚娜多么亲近。否则就等于把他拉进我们中间，玷污我们四个。

我们回岗的路上，从始至终，一直在竭力抑制着泪水。

当我们把三束花递给女监督护士长时，她对我们表达了感谢。随后，她也擦了擦眼泪，伸出手，一个接一个轻抚了我们的头发。

波舒哀

1960年春

除理论课外，我们的许多学科都有实践课，各位教授以各种形式授课，课程有的持续数周，有的长达数月，最后都有期末考，要是考试没通过的话就得留级重读。每节课开始时，实践指导老师都会做口头介绍，讲解我们要做些什么、怎么做。就这样，我们学了X射线管的运作、X光拍片的用法，还有心电图的解读，又在别的课上学了如何确定剂量、辨认病菌，甚至是培养病菌，等等。

我记得，自己对解剖病理学格外着迷。所谓解剖病理学，就是每个人被分到一片载玻片，上面放着经过专门染色的切片。我们须在显微镜下学习辨认该切片属于什么组织。肾组织，和心脏、子宫、脑或各种其他组织都天差地别——人体的组织有何其多啊！这样讲，听起来似乎简单得很，可一旦载玻片到了显微镜下，就到了考验眼睛的时候，但能看到的，总是一团毫无二致的细胞与细胞核，根据不同的制备方法被染成粉色、红色或蓝色。乍看之下，眼前所见的细胞简直都一模一样。此时，就需要运用我们应当掌握的组织学知识了——也就是有关各种细胞特点及排列方式的知识。当学会识别组织后，我们就要通过相同的教学法，学习如何深入到组织的细微之处，辨识这块或那块组织得了什么疾病。例如，我们的学习重点之一，是区分良性肿瘤和癌症，以及区分不同形式的癌症，等等。我们一致公认：这些实践课的目的，并非为了让我们依赖学得的知识。教课的专家，有专攻化学、X光成像的，也有解剖病理学专家等。我们只需对这些领域建立一定的熟悉度，未来入行从业时，它们将会助我们一臂之力。

解剖病理学的实践课，是在每节课结束时打分的，不过，我们的期末考并没有因此而轻省多少。我总是拿最高分。不得不说，我的视觉记忆一直相当出色，从小到大，我的视觉不停地接受锻炼，连最微小的细节都绝不会放过。

一天，实践指导老师在课后把我留了下来。他说，我的优异成绩让他惊叹，他甚至忍不住把我推荐给了一位朋友。那位朋友是位著名的癌症专家，恰好需要一名我这样的大学生做他的实验助手。他把朋友的联系方式给了我。我当时正在四处打零工，便对这个赚钱的机会有了兴趣。我给那位专家打了电话，按照他建议的时间地点和他见了面。我被接待规格吓了一跳。我不禁纳闷，实践指导老师是不是在形容我的时候添油加醋了。因为，这位堂堂的科室主任、杰出的科研专家，先是给我沏了杯茶，然后开始娓娓道来，说他希望进一步发展自己的科研部门，并收我做他的门生。我心想，他这是在提议让我加入他的研究团队，借此培训我，让我成为职业研究员。但这本来就不是我的规划。他没有照我想象的说，而是提出立刻用一份为期数年的合同签下我，让我先去美国，到与他有联络的科室接受培训。他还补充道，我不仅会有工资，大学那边和接下来的学业，我也不会有任何问题。他都会一手处理好。

对于我的消极回应，他并没有显得诧异。照理，我本该觉得受宠若惊、对他给我打开的前途高兴得直蹦才对。他说，可以理解我需要考虑一下。而对我来说，已经考虑好了。我是不可能接受这个提议的。我想象得出，母亲和哥哥们噩梦般的反应。我也不愿和我刚刚遇见的她分开——我心里知道，她就是我命中注定的女人。最最重要的是，我一句英语都不会说。

大概是想试着说服我吧，他又提议带我参观他的科室。我跟着他去了，表达了礼节性的兴趣。我们最后参观的是科研室。他带我进了一间长方形的宽敞课室，里面摆满了一排排桌子，桌面都是深绿色，桌上共放了二十来台显微镜。他解释说，研究员们正在当值。我马上被一个细节震撼了：每台显微镜的右侧，都立着一张小小的硬卡片。我自忖，硬卡片上写的应该是开业医生们的名字吧。我凑近看其中一张，把上面写的内容读完后，我又忍不住看了三四张硬卡片。硬卡片的底色，和桌面是同一种绿色，文字则以金色打印："人们最荒唐的观念，就是把世事看待成自己希望的样子，而非按现实看待它们。——波舒哀［雅克-贝尼涅·波舒哀（Jacques-Bénigne Bossuet），1627—1704，法国主教、神学家，以讲道及演说闻名，路易十四的宫廷布道师。——译者注］。"

这个为我定做的项目，我没有给过后续。

但我永远都忘不了这句波舒哀的名言。

警长

1960年夏

大学考试和医院实习同时结束，两个月的假期正式开始。我听同学们在聊，他们会去什么地方，或是打算到哪儿旅行。我也很想和他们一样，憧憬着去蔚蓝海岸、布列塔尼、西班牙、瑞士或意大利。但我也只有憧憬的份儿。因为，有哥哥们撑腰的母亲，和我订了"契约"，要摆脱这契约，连想象都是多余。她声称，家里没有我，让她好苦。为此——她说并不是为了钱——无论是圣诞节假期，还是复活节假期，我都必须回去，也就是得把长假的日子全都花在她身上。我绝不可以掐头去尾，少一天都不行，而且，我还要将全部的家当都带回家，一件东西都不准留在原地。母亲和哥哥们把这个细节作为我表忠心的凭证。他们太怕我周边的环境会让我远离他们，或者抛弃他们。如果我拿回来的行李和出发时一样，他们就会觉得，这下，这契约才算是真正地更新了。我大可以抗议、争辩、讲道理，但都只会是徒劳。我没有可信度。原因很简单，照他们的说法，我一直在度假，我在外面过着好日子，这日子快活到我一定会扯谎，然后一根手指都不用动地继续享福。另外，他们也毫不客气，三不五时地丢个威胁给我，说是对我的物质条件会有惩戒措施。的确，我拿着一份奖学金，但它的金额不够开销，而达尼和我母亲给我的钱，绝对算不上丰厚。至于布拉米诺，他一向都要低调得多，时不时会给我寄件衬衫、外套、裤子、套头衫，甚至是一套他亲手缝制的西装。客观条件实在棘手，一点儿灵活余地都不准我留下。“要是没有你所爱的……”我不断对自己重复这句话。我竭力去爱我所有的。所以，我每次都坐火车到马赛，然后坐船——当然是坐船啦，再坐火车去埃利赞。

预科班那年的所有假期，还有一、二年级的两年，我都是这么过来的。

从三年级的夏天开始，某一件事发生了彻底的改变。

我不用再坐船了，我能坐飞机了。光明正大地！实际上，自从母亲自己坐了回飞机以后，这件事就不成问题了。她之所以坐了飞机，是因为她决定来巴黎看我，而她的借口，当然是太想我了。我说这是“借口”，因为，她的这种心血来潮，我可是早就心知肚明了。我们还在奥尔良维尔的时候，她有好多次都不通知、不解释，也不说自己是想去透透气还是度度假，忽然就决定跑去阿尔及尔待一个礼拜。她每次都会把我捎上，因为她总得带个翻译，于是，我就从十一岁起做她的翻译，一直做到了十五岁。我们会在博丹（Baudin）旅馆订一个房间，那旅馆就建在港口对面的拱廊下，条件很不错。她把Monoprix（不二价）商场、法兰西大百货，还有其他店铺统统逛个遍。她还非得坐坐有轨电车、看看动物园、上上电影院，也要去布雷松（Bresson）小广场乘凉、到政府大广场参观，再漫步知名的大街，比如伊斯利街、米舍莱街，还有卡斯巴古城区（Casbah）脚下巴布瓦德（Bab El Oued）街区的巴布埃祖（Bab-Azoun）街。每天忙完这些，到了晚上，她都要去一趟歌剧院旁带音乐的奢华咖啡厅Tantonville，作为圆满结束。这可是假期！她不知疲倦！而要她改变日程，是只可能在带我去看医生时才有的事！阿尔及尔的大夫，可比乡下的大夫好多了，听听他们的意见，就等于听听高级大夫的意见！她要求给我做个“全面检查”，然后用我们的方言叮嘱我，千万不许跟大夫讲话，免得影响他做检查！

她到巴黎来的时候，每天晚上，我都比她更累。

瞧，写到这儿，她又回来了，毫不夸张地说，她又闯进了我的记述，而我本来明明是想回忆埃利赞的悠长时光的，尤其想要讲述那一年发生的一起惊人事件！这都是因为，她，是无法绕开的人物，她的侵入性和专断性，在我继续赘述的那段时期里，是那样地强大。

那一年，我终于可以把大部分衣物留在大学城的宿舍里了。我坐飞机去了奥兰，然后坐火车到了埃利赞。我提着行李到家时，正值午后，可家里一个人都没有。我把行李放在了对面人行道的一棵树下，自己坐在行李上，等着我那不知去了哪儿的母亲回家来。

坐了约二十分钟，从我的右侧传来一记剧烈的爆炸声。

这场我从未亲历任何片段的战争，竟在我跟前爆发了。再没有比这更真切的了！

我没有动弹。我能去哪儿呢？又能做什么呢？我没有处在爆炸点，不已经是万幸了吗？

我能感觉到，每次逗留让我经历的蜕变，此刻又悄然而至。

因为，在巴黎的时候，我支持的是阿尔及利亚独立。但一回到这儿，完全相反的立场，就会日复一日、越来越强势地占据心头。空想与现实之间，果然是永恒之争！政治言辞有多么成功地说服了我、让我支持阿尔及利亚的诉求，民族解放阵线（FLN）的手段——谁都没有足够的力量予以揭发——就有多么令我作呕、使我憎恶。这些手段，今天仍在继续引我反胃：我从电视上看到，曾经的恐怖分子声称，自己就和对抗纳粹占领者的法国抵抗运动成员一样，是抵抗战士。法国抵抗运动的成员，可曾有一次攻击过纳粹军官的家人？还自称抵抗战士？伪装成民兵，端着机关枪，朝海滨浴者、泳池舞者扫射，冷血杀害几十个男人、女人和儿童的抵抗战士！在公共场所放炸弹的抵抗战士！如今，“圣战者”的恐袭、“伊斯兰国”的横行掠夺激起强烈公愤，我们视这公愤为合情合理。然而，那时的这些大规模残杀，为何从未引起同样的愤慨？它们的手段分明指向同一个目的：散播恐惧，强夺权力，用恐惧实施统治。此外，这些手段，明明是在阿尔及利亚生根发芽，甚至在独立多年之后，随着FIS（伊斯兰拯救阵线）游击战打响，阿尔及利亚又饱受其苦。我们难道不该对此惊讶吗？又是一个全社会级别的被压抑内容“还魂”案例。

第二天，我了解到，被丢进炸弹的地方，是倒霉的米蒙（Mimoun）才丁点儿大的店铺。用当年拿来吓唬人的那句俗语来说，他被当作“逼迫阿拉伯老百姓挥洒血汗”的殖民剥削者。其实，他只是一个可怜的老鞋匠，丧妻又膝下无子，日子过得捉襟见肘。

我们彼此之间常常聊起这些。“我们”，就是十来个和我一样，在法国本土的城市［巴黎、蒙波利埃（Montpellier）、南锡（Nancy）、图卢兹或斯特拉斯堡］上学、回来探望家人的大学生。

我们总是从回家后的头几天就开始定期相聚，地点是城里某间咖啡馆的露天座，这样就能显得像是在度假一样。我们当中，有些人正期待找份工作，比如我，有些人则有不同的计划，准备早点儿启程。和先前的每年一样，我们都格外高兴能再见到卢卡（Lucas）。他是我一个非常要好的高中同学，选择留在本地生活。他是地主的儿子，阿拉伯语讲得十分流利。他坚定不移地确信，反对阿尔及利亚起义才是正义所在，还自愿将这份信念付诸行动，不再继续深造，跑去当了警察。这就是他，最真实的他，我们的朋友。我们从来都不去详细问他在做些什么，插手了什么事情。我们不能拿他的职业来叫他难堪。和往常一样，我们热情无比地欢迎他前来，而我们看见他身上的奇装异服，更是一下子乐开了花，当然，逗趣中还融合着脉脉温情。他和我们一样，自然是一身短裤汗衫（那时我们还没有"T恤衫"之说）配凉鞋的打扮，但他的腰带上，永远都别着一个枪套，里面装着一把左轮手枪。

有时，我们会一起去泳池，但大多数时候，我们更喜欢搞一场桌上足球竞赛，若是有人想下跳棋或国际象棋的话，我们也会组织打扑克牌（四种玩法的"皆大欢喜"，玩起来很热烈，但我已忘了规则如何）。

那天已是我们聚会的第三或第四天。下午，为了躲一躲酷暑，我们决定去电影院稍微凉快凉快。整个电影院，只有我们这几个观众。

放映中的影片，是《警长》[1]（该片英文原名*The Proud Ones*，在法国上映时起名为“*Le Shérif*”，直译为“警长”。中文译名《平岗双雄》。——译者注）。至于我为何会记得如此清晰，稍后就将揭晓。

罗伯特·瑞安（Robert Ryan）饰演的主角，是一名正直的警长。从最初的几组镜头里，就能看到他精力充沛、毫不动摇地与一群想强占城市的歹徒对抗。随着他忽然发现自己视力减弱，他的顽强意志显得愈发值得钦佩。从这一刻开始，情节的推进便充满了戏剧性的紧张感，可以想象一下：我们的主人公带着残疾搏斗抗争，每次都在最后关头才恢复视力，得以挫败恶人的诡计。然而，一天，歹徒终于还是包围了他，把他困在一个马厩里。他明白，已无法指望任何外援，便凭借绝望中迸发的力量殊死搏斗。枪战正酣，可突然之间，他竟再度失明。茫然之际，一个恶霸大摇大摆地朝他逼近，他却怎么都辨认不出对方的身影。此时，镜头推近，屏幕上出现歹徒的面部特写：他的脸上，写满了残暴的狂喜，预示着下一刻的杀戮。

接着，发生了什么呢？

1 罗伯特·D. 韦布（Robert D. Webb）执导的电影，1956年上映。

卢卡嘶吼着一跃而起。我们都还没回过神来，他就已抢起左轮手枪，扣动扳机，把一颗子弹打进了银幕，正中恶霸眉心！

那年，卢卡二十二岁。

他是个受过教育的男孩。他是有高中会考文凭的。他从来都成绩优秀，拉丁文和古希腊语成绩特别优异，性格冷静、专注、沉着，甚至算得上严肃。换句话说，理性与情感层面，他都有了充分的装备，足以将电影画面和现实区分开来。

然而，他却失控了。

身处那样的环境，加上几日来的爆炸袭击……当一组组镜头在他眼前呈现，那个情节，很可能在瞬息之间，与他过去在日夜追捕费拉加时，曾亲历的另一个情节发生了共鸣。最终，他被调动起来的情绪，成为一股无法掌控的力量。

最让我们震惊的是，这接二连三的一系列画面，竟会入侵并扰乱某个主体的心情调节机制，促使主体陷入最大程度的暴力。目睹这一切的我们，都受到了极大的震撼。就我而言，我所受的震撼之深，令我至今都保留着鲜活的回忆。

枪响之后，他瘫倒在了地上。

我们围绕在他的身边。

他痛哭起来。

我们什么都没有问。我们不知道能对他说些什么。

我们都做了什么？

我们的父母，都做了什么？

我们又能够做些什么？

想来，说到底，哥哥们讲得没错：我确实过着好日子。

围裙

1960年11月

行了，搞定了，我终于拿到了！它是我的。它只属于我。它的使用权归我所有。它并不是什么贵重的东西。只是一块蹩脚的长方形白布，早上到岗的时候，得用上面的两根细绳把它系在腰间，围在工作衫外面。它长得几乎垂到脚面，上端有个圆圆的大口袋，可以让人一垂手就拿到各种东西，又不妨碍行动自如。普通如此，它的重要性却确凿无疑：单单凭它，就能赋予持有者被整个科室公认的职能。从见习医生到住院实习医生、主治医生、助理医师，再到指导医师，甚至是客座医生，每个人都有自己的围裙。我们的制服，并非今天独此一件的白大褂。我们的制服，是围裙。

大学二年级结束之后，我为同事们替过几次班，从那时起，我就有过与此相关的经历了。我还保留着那些替班陆续带给我的回忆。

比如，我第一次值夜班的回忆。那是一个昏暗的冬日周末。我所在的是相当老旧的布罗卡（Broca）医院，当年主治妇科和皮肤科。这两科的急诊病例，可以说是几乎不存在，就算有，也是特例。但既然是医院的科室，就不能不设夜班。于是，我完全没有接到任何任务、任何呼叫、任何联络。四十八小时不离值班室，就靠啃啃笔记、读读书来消磨时间。直到从柜子里意外翻出了一堆相册，里面的影像，竟跨越了几十年。那些都是公立医院集团（Assistance publique）不同医院科室的照片，我很快就从上面认出了好几位我们学校的教授，当年他们还是科室的指导医师。我心血来潮，从一本相册翻到另一本、从一个科室扫到另一个，就这样追着他们的身影，看着他们渐渐变老，从见习医生一直升到级别最高的职位。不经意间，时间就过去了。我对这些老师的好奇心，让我兴奋不已，而这份好奇，在此时得到了满足。我的眼前，是这些当下的大人物们走过的历史。何谓职业生涯，这就是诠释。我领受了这·切，更是领教了一堂课，一堂关于耐心的特殊课程。这堂课，使我受益匪浅、大受鼓舞、备感安慰，又为我燃起希望。的确，年轻的我们，是稚嫩的；的确，我们自觉青春焕发；的确，就像俗话所言，我们的未来充满可能；也的确，我们可以不去想、也应该不去想那学业道路的漫长，但有时，心中意识到这漫漫长路，还是会感到难挨。我们能走完这条路吗？那么多场逃不掉又必须通过的考试接踵而至，当中会不会突然蹦出什么害人的陷阱？我们的怀疑，不说经常，至少也是时而闪现，但我们是做得到的！这就是在那一天，我因相册而发的感言。

这次经历，让我神清气爽，而闯入我回忆的，还有另一段与它截然相反、并以全然不同的方式让我铭记的经历。那是在莱内克（Laennec）医院的胸腔科。这家医院今天已不存在了。我被分配到一间有三十来张病床的集体病房，其中的大多数病人都是结核病患者。这间病房里还隔出了两间单人病房，我并不知道是按什么标准把它们分给里面的病人的。负责集体病房的助理医生——指导医师从不踏进这里半步——是一个绝对不同凡响的人物。所有人都很仰慕他，要不就是对他崇拜得五体投地。从他身上，可以感受到深厚的文化内涵、让人动容的质朴、时时刻刻的耐心体贴，以及渗透到每个行为、举止、用词、眼神，甚至是每丝笑容里的人情味。病人们都爱戴他。他总是从容自若地和他们拉家常，慢慢解释他们的病情、治疗的进度、可能出现的问题，还有期待达到的目标。他从不放过任何机会来指导我们，讲解起来严谨又不失幽默，时不时就提到他读大学时的专长：他曾是解剖病理学的实践课代表。这专长很适合他，因为所谓解剖病理学，就是用显微镜去判断，影响某个组织的病变属于什么性质。我自己也十分热爱这门课。他，就是我的楷模，我梦想着有朝一日能成为他那样的医生，但我碰上了一个难题：我想知道，他究竟是从哪儿搜集了这么多优点。他不仅从不遮掩共产党员的身份，还一有机会就表现出自己是党内的积极分子。他表现得那么突出，以至于我都忍不住考虑，要不要也加入共产党。可阿尔及利亚战争正如火如荼，我全家人都在那儿呢！

言归正传，某个周六，临近中午的时候，他吩咐我们所有人到其中一间单人病房里集合，说是病人的家人带了瓶香槟，叫我们一块儿喝一杯。护士加上医生，总共十来个人，人手一杯酒。心情大好的他开始致辞，先是代表大家为这份邀请表示感激，接着则就香槟的起源和酿造技术，上了一堂内容丰富、有条有理的课。我们都听得陶醉不已。瞧，这就是一个优秀成熟的成年人对一群年轻人的影响力！就我而言，我对那位坐在病床上的患者一无所知。他笑盈盈的，看上去很快乐。整个聚会差不多持续了二十分钟左右。护士们开始收杯子，而他则问道，明天是谁值班。我回答说是我，于是，他请我跟他到办公室去一趟。到了那儿，他递给我一张纸，说道：“这是明天用的。是关于我们刚才见到的那位病人。我到时候不在，所以这张尸检许可书，我已经填迟了日期，提前给您签好了。”我顿时愕然，喉咙一紧，连呼吸都变得困难了。他应该是察觉到了，因为，他向我投来一个我永远都忘不了的眼神，嘴角露出一抹温柔的微笑。他换下大褂、穿上外衣，要离开的时候，久久地和我握了手。我独自待了好一会儿。怎会有人如此泰然，如此镇定？要怎么做、经历怎样的锤炼，才能获得这份泰然和镇定？医学，怎么能那么精确地预测出死亡时间？哪些迹象，能作为它的依据？这一次，它又是基于什么迹象？我并没有在做梦。这位病人，我亲眼看见他坐着、活着、说着、笑着。就算让我现在再仔细回想，我的眼前依然能浮现他的样子，和当时别无二致。我们的目光曾交会过，而我的手里，是一张解剖他尸体的许可书。生命，究竟是什么？疾病是什么？生命的终止，又是什么？人的实际经历，能剩下什么？我们去缅怀这实际经历，去赋予它那份我们加给它的重要性，到底有没有意义？这些问题，在这一天令我如鲠在喉，又在尸检的过程中反复闪现，并且，它们再也没有离开我的脑海，即便我常常试着驱散它们，且直到现在都还在变着法儿地这样做着。

同类的回忆，在此我就不再多写了。首先，它们实在多得不可胜数；其次，它们一有机会，就会自动涌现。上文的那些回忆已经足以说明，有了这件围裙，我定能成功地收集起这些意义突出的片段，而这些片段，都属于一种特殊的教导——在那之前的许多年间，当我穿着自己的工作大褂时，我是不可能得到这种教导的。那几年里，我的身份只是个并不怎么光鲜的实习生，从一个科室游走到另一个科室，觉得自己像是一条处处被嫌弃又没用的寄生虫。不得不说，今天的一体式医疗-大学中心，教学方式既连贯又集中，可当年则相差甚远。一边，是由大学负责的理论教学——就算在巴黎，也只有一所这样的大学而已！——另一边，则是所谓的临床教学，实际上就是去各个医院科室做实习。这个过程原本可以有所收效，但它恰恰被一个致命的缺陷耽误了：周围的环境，让实习生觉得自己碍手碍脚。在许多科室里，实习生都被放任自流，大多数情况下，他们没人管，更不会有人来带他们接近病患或给病患做检查。我还记得有一次，我们成功地溜进了一间手术室，只是想看看而已，却受了好一顿臭骂，被硬生生撵了出来。当时，主刀的外科医生掉了件工具。我们当中的一个，以为应该表现得热心些，便赶忙跑去捡了起来，自然而然地放在了工具台上。我们才上一年级而已。对那严格的无菌原则，我们知道什么，又能知道些什么呢？

这一切都成为过去，我终于当上了见习医生。对于这第一个级别来说，我的年纪有点儿大。大学期间，我很晚才去考这场试。并非是我自觉实力欠佳，而是因为我的家人，尤其是我母亲，坚持要我整个暑假都待在她身边，直到离学校开学只剩两天了才放我走。因此，很长一段时间里，我都做不到及时回校，像别人那样花时间复习，准备这场二年级开学后的统考。我一直等到四年级开学才去考，那时，我从学校的理论教学中已积累了足够的知识，让我无须丁点儿准备就可轻松迎考。

我在这种情况下表现出的被动性，可能会让人诧异。而我自己诧异的是，到今天为止，我从未花时间去思考这一点。也许，过去我实在没有思考的可能。如今，既然我去思考了，我便意识到，那时的我碰上了两个难处。

第一个难处，是客观上的。我早就很清楚地注意到了。这个难处属于两个范畴：知识论范畴和认知范畴。

我是母亲的最后一个孩子——确切地说是第十个，尽管只有六个幸存了下来。而出于种种原因，我也是全家第一个在学业上走得那么远的。这是知识论上的一大跨越，这样的跨越，将我带到了边缘地位，并且，我就留在了这个地位上。

一年级结束时，我试着解释自己为何一定得缩短假期，但我立刻发现，我在做无用功。对我的家人来说，“统考”的概念不仅不存在，而且绝对不可能存在。我的说辞，被视作捏造、扯谎，是费尽心思的阴谋，就为了待在家的时间能短一点儿，以便快些回去过我更瞧得上的生活。他们要我看清找到的证据，说我们现在这座城里的四个医生，还有以前住的城里的几个医生，一个都没遇过我说的这事。最要命的是，这些谴责性的断言，像雨点一样无休止地落在我身上。我的命运，不只限定了，更应该说是被封死了。我唯一可以做的，就是乖乖地完成这七年学业，然后回到这城里来过日子。任何对话、谈判，都是异想天开。这些指控——撒谎、虚情假意，特别是再加上对我的否定，彻底断了我的去路。当认知上的鸿沟达到这么深的程度时，要去填满它，根本就是痴心妄想。这在我的内心留下了深刻的印痕，使我成了一个差劲的辩论者。我从来不会坚持让别人理解我或是重视我的观点，不仅如此，我还觉得总体来说，辩论，实在无聊，更是徒然。俗话说，能被说服的，都是已经信服的人。肯定会有人这么说：我本该花更多精力去论证，去和我母亲讲理，去跟她软磨硬泡，去把具体细节告诉她，去给她讲故事，或者本该向哥哥们求援，托他们找熟人，要不就是托本地的开业医生，乃至我们的家庭医生问问实情。我甚至本可以处理得更简单，只要在开学日期上说个谎就行了。这些，我全都没有做。

也许是因为，我不想被人指责，说我变成了外人，排斥我那特殊的原生环境，或者被人说我企图斩断家人之间的团结关系——要知道，就是这份关系，带我们走过了那么多风雨和动荡。我日常生活的走向，不恰恰是在为这样的解读推波助澜吗？每个人都做着一份有回报的工作，用这回报来养活一家子，而我呢，我就是条寄生虫，成天钻在书里，没有丝毫值得夸口的产出。每个人都操着一口夹生的法语，我母亲更是一直拒绝去学，大家说起另一种语言就溜得多，可我却讲不好他们惯用的那种语言，每每思考，用的还都是学校教的语言。每个人都全心全意地依附于古老的思维模式，心甘情愿地重复着从别处习得的做法和行为，可我却投奔最低程度的形式主义，同时向我身陷的这个世界敞开心怀、深究探询，让自己敏感于这世上来来往往的种种，尤其是那片我沉醉的文学天地中的一切。

一直等到那个时期过去了许久，我蓦然回首，才更清楚地辨认出了第二个难处，也发现了这难处在我并不知情时是什么模样。撇开前面提到的辩论问题不谈，很有可能，或者说完全可以肯定的是，“统考”一词所传递的内容，或换一种说法：作为能指的“统考”，对于我个人，也对于该能指本身，都是一个难以克服的难题。这个难题，并不在于我怀疑自己的能力，也不在于我害怕失败。我对自己的天资还是有所了解的。真正让我深受其扰的，是统考进行过程中必然发生的选拔程序。我无法忍受这种概念：一些人，或者说绝大多数应试者，都被撂倒，只有幸运的极个别人能被选上。也许，我在这方面的看法，是由充斥我全家的不平等现象塑造的。这些不平等现象堪称骇人，隐藏在表面的团结和凝聚力之下，令我厌恶。我的哥哥们处于一种长期不断、不堪容忍的紧张关系中。由于他们不能在母亲眼皮底下公开地相互攻击，他们便肆无忌惮地虐待我的姐姐们，而姐姐们没有其他出路，就只能互相吵来吵去。至于我们的母亲，她采用了一种让我震惊的狡猾策略，为的是绝对不在自己的权力上做丝毫让步。她的策略就是“分而治之”，以保持冲突的方式，稳坐终极裁判的位置，万一出什么问题，甚至会摆出她那副寡妇的样子。至于我，大概是本能使然，我学会了满足于自己所能拥有的，并且，我竭力不去挑起波澜，即便遗腹子的身份按理是能保护我的——我得加一句，所谓保护，是相对而言的。我可千万不能在任何事上变得太引人注目，不能让人觉得，我从自己拥有的东西里捞到了什么否认不了的好处。乖乖地站在我的位置上，用潜力低调前行，不加顾虑地强大自己，迎接这些单为裁决定夺、官方承认某项学识而设的考试。去竞争，就是投入一场战役，但我亲眼所见的对战实例，却在警告我风险何在，也在给我看后果如何。

升到四年级时，这场统考已成为一次性的一场考试。鉴于我从未一头扎入主动又积极的备考之中，我的成功通过，让我撇清了对那些未通过者的一切责任。

终究，每个人，身处其独特的周遭世界时，都是以这样的模式，去适应这片世界里出现的一切，并将一条条能指之链织起，而这些长链，造就了每个人现时和将来在各种情形之下的行动反应，无论他对自己的反应是清楚自知，还是颇感讶异。我们还可以赶个时髦，用超人类主义的论述法来诠释这一切。实际上，正是基于这种模式，加上陆陆续续的校正，各种“算法”才会被发明出来，去归纳我们的行为举止。的确，我在说服家人上的无可奈何，造成我主动远离一切辩论，并且，我至今依然将辩论视为一种工具，纯粹被用来取乐、要不就是被用来助长我们这社会自相残杀的一面。至于我会远离出自竞赛理念的一切事物，则是缘于对背地里大量冲突的长期观察，这些冲突，曾深深动摇了我的兄弟姐妹之间的关系——以上勾勒的，只是又一幅粗略、简化的概要图。

我们都一样，处在这不如意的境地里，而我们在认识、感知彼此时，并不会在乎，那些构成我们每个人特殊性的种种特征，都有些什么细节，又都源自何处。我们绘制人际关系网络时，依照的是相遇时在内心产生回响的事物，就好像我们在他人那里，感知[1]到了某些点，这些点产生了共鸣的效果。我之所以成为如今的我，塑造我的，是绝不兴风作浪，更永不侵害任何人的这份执着。这使我完全契合医学的最初宗旨——Primum non nocere（首要即切勿害人）。

如我所言，我终于是见习医生了。我对某一门科目神往不已，心中只敢暗暗期待能够加入。兴许是受这份神往的驱使，我选择了克里姆林-比赛特医院的普通外科，成了科室的一名见习医生。这家医院在1950年刚刚

1　因我们专门负责共情的镜像神经元而起。请参照本书第39页注解。

创立，其所在地的历史始于13世纪，曾先后、间或同时是收容所、监狱、疯人院。后来，我渐渐注意到，各栋楼房的建筑风格里，还存留着这些往昔用途的深刻痕迹。我在这个科室待了六个月，而其间的一些经历，此生无论如何都涂抹不去。

缝针

1960年11月

早晨，工作相对简单些。我们四个见习医生一块儿负责这间硕大的集体病房，分管四十来张病床。我们有时会被叫到手术室去，只为了撑牵开器；没被叫去的话，我们就得确保病床上的挂牌已妥善更新，并在上面标注最新的体温、血压、心跳数据，以及所用的药物，偶尔还得写上服药时间。但我们最主要的工作，是管理病患的资料，也就是把X光片和补充检查的结果，清清楚楚整理好，特别要注意排好顺序，然后收在一个很大的气泡袋里。如果碰到刚入院的病患，我们要向他提问，以便收集他的病史信息、记录下来，列出他的不适情形和显现的症状，最后进行检查并记下此次检查的结果。当住院实习医生或助理医师前来巡视时，他们会修改或补充我们的总结，我们就要一丝不苟地写下来。总的来说，这是个相当严丝合缝的教学与见习过程。指导医师每周一次的来访，也需要这样应对。他会声势浩大地驾到，一个接一个病床亲自查看，身边跟着护士长和整个科室几乎所有的医生。在住院实习医生评述病情或分析重点之前，见习医生必须将病患资料朗读一遍，或者做个概括。我们的工作质量，也就是在这时得到评估的。说实在的，这个环节很让人提心吊胆。我记得有一回，大家在这场“仪式”中笑疯了。一位同事正在念某位病患的资料。这是一位从隔壁科室转来的病人，转科时还附了一封信，用隐晦的字眼称此人是在装病、懒惰耍赖。按照信中的指示，需威胁他即将施行手术，以此吓唬他，让他从此不要再声称自己有那些毫无根据的症状。出于这个原因，这封信的末尾写上了“hypertrichose palmaire（sic）”的诊断，下面还画了三条线以示重要。实际上，写信的人在十分巧妙地暗示该病患懒惰成性，如法国俚语所说：“掌心长毛。”（前面提到的诊断，是将该俚语译成了拉丁文，因拉丁文在欧洲医学界极为常用。——译者注）可这位同事是马达加斯加人，显然没明白这比喻的意思，同时又想证明自己在工作中是何等地细心尽力。他把病人的两个手掌摊开，用实证来告诉各位，里面一根毛都没有。他搞不懂，他方才明明呈上了不容辩驳的证据，明明证实了他对诊断的质疑合情合理，为何大家都笑成一团。

我们的蒙昧，不仅仅在于修辞或语义。我们的蒙昧，比这严峻得多。我们的理论知识极度欠缺。的确，我们已经把人体功能方面的理论知识几乎都学过了，但关于大学里还未教授的病理表征，我们一无所知。我们的身份确实是受教者，我们理应随时可以征询住院医生或助理医师的意见、参考他们比我们广博得多的学识。我们要想积累经验，就得靠东一点儿、西一点儿地搜集零碎知识。但在我们值班时，那些住院医生可能正忙着开刀，而不开刀时，我和同事们都发现，他们很讨厌被我们打扰，特别是当他们觉得我们在拿无关紧要的琐事纠缠他们，他们就会把我们大骂一通。

就是在这种心理状态下，我迎来了第一次值班。我当然不会知道，自己将面临什么情形。可稀奇的是，我并没有像自己想象的那么不安。那时的我，很可能和整个童年与青少年时期的我一样，紧绷、紧闭心门，担心造成什么波澜，知道我的不足兴许会让我陷入恐慌，依旧坦然接受自己的不足；但我同时也很镇定，心想无论如何，我总可以指望那些我觉得能力够强的人。

急诊室的护士呼叫我时，我正在值班室里。她只是简单地说，我必须过去一趟。

我到达时，病人已平躺在检查床上，前额和脸颊上盖着一块块绿色无菌布，快把整个头部都遮住了。我了解到，他刚刚受了工伤：一条他负责处理的钢丝绳突然断开，打在他脸上，确切地说是打在眼睛的位置。他双眼的上眼睑都被切开了，吊在鼻子的两侧，而鼻根本身也被劈开了。眼前的景象相当离奇。两只完全裸露的眼球，显得硕大无比，用来传达眼神的组织已荡然无存。通过这番真切的目击，我领悟到，眼睑最细微的活动，对人与人之间的沟通何其重要。眼睛，和它所承载的眼神，被赋予如此大的重要性，并非空穴来风。视觉，是子宫内孕育生命时，唯一一个没有被调动，更未得到校准的基本感觉。新生儿出生时，已在其成形的大脑中，储存了大量感觉信息，而这些感觉信息，由耳、鼻孔、味蕾、内在敏感性、母体传递的种种感觉收集而来，在整个“信息库”中留下了印迹。然而，纵然有如此繁多的感觉信息，新生儿却未曾采集过任何视觉信息。但由于大脑中的各个感觉区之间都彼此相连，视觉区从婴儿降生的那一刻起，就开始将所有视觉信息归入区域之内。这样一来，视觉，成为所有基本感觉中最重要的一个。举例而言，一个新生儿只需母亲在场四个小时，即可从照片上将她辨认出来。由此可见视觉的重要程度。这就解释了为何我们与眼神、双眸的关系会如此独特。说到这里，我想起了一桩我在数年之后经历的奇特事件。我出席了某位重量级泌尿科指导医师的会诊。我正在向他介绍一位患前列腺障碍的病人，而实际上，我事先已将此病例了解得相当清楚。当我满以为他会立刻对病情产生兴趣时，他却把注意力完全放在了患者戴着的一只玻璃假眼上。他让患者把失去眼球的原委细细叙述了一遍。接着，他问道，是不是有时得把玻璃眼从眼眶里摘下来。得到肯定的回复后，他请对方当场摘一次。他叫我凑上前去，看看这空洞的眼眶。我实在不明白，这与泌尿系统紊乱有什么关系。会诊继续进行，病人拿到了手术日期。病人一离开，我马上假装不懂地问，空眼眶和前列腺障碍之间有何关联。他回答说，当然是完全无关，但他自己从未亲眼见过玻璃眼球背后的景象，所以，对他来说，这是个学习的机会，而他也真心实意地建议我，永远不要忽略任何类似的机会。我可不能确定，他会不会请某个截肢的人把假肢脱掉，给他瞧瞧残肢端。他滔滔不绝时，不就对我说了吗：“眼睛啊，您想想！这可是眼睛啊，可不是小事啊！”

我的第一位病人就躺在那儿。我在他身后坐了下来。我向他问了好，介绍了自己，对他说我们需要他的配合，一起补救这一切，也提醒他，过程可能会非常疼痛，但他再痛都不可以动弹。在当下，这是无法解释的承诺，还是无意之举？那一刻的我，给不出答案。我起身，洗了手，戴上一副医用手套，再重新坐下。缝合工具盒已经打开。我从里面找出了最细的圆针，针上原本就带着极细的线。我又找到了镊子、持针器和剪刀。我先用镊子让两片眼睑回归原位。我将一枚针放入持针器，准备在第一片眼睑外侧的一端穿入第一针。就在这时，护士朝我走来，凑近我并耳语道：“小心啊，先生，下面有眼球。”

她当然没有说错。而且，她的提醒，也证明了她的专业性。因为，她考虑到了许多见习医生的情况：他们并不一定都知道，如何从对病人身体的感知出发，规范、正确地校准自己的感觉系统。实际上，他们要学习探察腹腔肿块或器官体积的肿大、辨认干扰常规心肺听诊的杂音等等。让好几个学生来尝试，甚至让他们轮流把听诊器放在病人胸前听心或听肺，尚且算是可行，但要是碰上学用直肠指检区分前列腺增生和癌症，或是学用阴道指检判断卵巢状况或子宫大小，就不可能人人都有机会了。不过，近几年，一种模拟系统[1]已主要被美国和以色列引进，旨在免去这些难题，确保为医科专业的学生提供更高质量的培训。感觉系统的校准，和其他众多操作手势、情景应对一样，都在填满电子器件的假人身上进行，假人还会做出和真人病患相同的反应[2]。该系统甚至还附带了医患关系方面的培训，所采用的具体模式就是互动式参与，即学生与扮演病患或病患家属的角色互动。不过，上述系统目前在法国仍处于初步摸索阶段。不管怎么说，我们当年的情况和现在不可同日而语，每个人都必须经历他的“第一次”。

1　参考西尔维·安热尔（Sylvie Angel）、皮埃尔·安热尔（Pierre Angel）合著的《用模拟技术避免治疗失误》（*Éviter les erreurs médicales grâce à la simulation*），巴黎Odile Jacob出版社，2016年。

2　值得一提的是，这些精密复杂的科技性能，是由情趣娃娃的制造商研发的。他们研发得相当用心，甚至最近在巴黎开设了一家门店，男士们可以前去挑选想要的娃娃做性伴侣，还能随心所欲地为娃娃设定指令！

这大概就是护士来提醒我的原因。她在那儿已经待了很多年，看准了我是个新来的。也许，她见我的样子较别人而言相对平静，就认为有必要介入一下。她应该是在想，虽然我看上去年纪挺大，但肯定一点儿都没有意识到眼下这事的难度，而且，在这种情况下，我只可能搞砸。的确，我很平静，非常平静。是平静过头了吗？可为什么这么平静呢？首要原因就是，面前的情形并不需要运用什么特殊的学识。我用不着为自己的知识空白而纠结，去硬着头皮对付。我要做的，只是缝几针而已。其实，我的手从来都很巧，所以才会对外科着迷。再说了，缝东西这事，我可是再熟悉不过了！我必须得说，我懂针线活儿。我很懂，甚至是非常懂。“缝纫”这个能指，深深地印刻在我的人生里。我那故去的父亲，曾是裁缝，又是裁缝之子。我的母亲，针线手艺堪称出神入化，无论是给我们做衬衫、内衣，还是做我的工作服、姐姐们的连衣裙，甚至是她自己的裙子，都不在话下。当然，这些不可能在现实中带给我任何实际能力。我实际技能的来源，是我从小就隔三岔五地和大哥一块儿做工的经历。大哥也是裁缝，他教了我很多东西。他曾特别给我展示了人们俗称的“藏针缝”，还演示了缝法，并且是效果牢固的缝法，即每次入针都只挑起织物本身的一根或两根线。说起来，之前我已遇到过使用此技能的机会：在我回家过暑假的时候，我成功地实践了一回。我实在没事可做，心里又总惦记着到处积累点滴知识的事，于是，我主动找到了我们小城医院里的那位外科医生，毛遂自荐说，我是医科生，愿意随时听他差遣。他是个怪人，有个奇特的习惯：每次动刀前，他都会跪在手术室的十字架前祷告。我还以为，他是想博得各位修女的好感——科室的每个岗位上，都是修女们在忙活——可我有一次曾听到她们在私底下调侃他，话语间倒是并没有恶意。此外，他曾带来一位年轻的亲戚，那女孩读医已经读到很高的程度，到这儿来负责让他的病人们入睡。她的工具只是一个面罩，因为麻醉技术还远没有达到今天的水平。每当他叫我去帮女孩的忙时，我就会照做。就这样，我一心做着帮手，直到有一天，估计是为了表示亲切，他决定在手术结束时，让我负责缝合皮肤。我瞬间找回了当童子军时打绳结的灵巧手感，很快就发现，比起用创口夹，我更喜欢手工缝合；而且，为了让疤越细越好，我还习惯性地增加了针数。

我轻车熟路地在两片眼睑上各缝了八针，片刻都不曾危及眼球，随后又在鼻根缝了四针。虽说缝合完成了，但病人并不能睁眼，因为眼轮匝肌（即构成眼皮的肌肉）被切断了。可他也没法把眼睛完全闭上。他只能靠两条缝隙，勉强往外看看。十天后，当我再次见到他、为他拆线时，他眼睑的活动能力仍然没有复原，多等了三个星期方才恢复。而疤痕，则几乎看不出来。

石膏

1961年1月

比赛特医院非常大。大到我没多久就开始想办法躲避这庞大对我的强烈震慑。我还真的找到了办法，在我工作的科室边上发现了一个入口。不过，这医院不仅规模大，建筑风格也很不寻常。好几栋预制楼，毫无规则可言地贴着多幢老式楼宇，其中，有些可追溯到13世纪，还有一些格外壮丽的，则建于17世纪。这些老楼几乎都原封不动地保持着旧貌，但它们的内部还是遵循了当时类似机构通用的配置规格：一间间超大的集体病房，被分给各个科室，里面摆着几十张病床，顶上都是高高的天花板，有时则是高耸的穹顶。我还是要趁此机会补充一句，今天的医院里，到处可见的单人病房全都配备了周到的现代医护服务，与当年的配置简直是天壤之别。

那一天，也是轮到我值班。下午的时候，护士长来叫我，说我得去一趟“慢性病”科室——我并不清楚什么是“慢性病”——为刚去世几小时的一位年迈病患拆石膏。她因为股骨颈骨折，前一天动了手术，被打上了髋人字石膏，也就是从腰部一直到脚趾，把骨盆、大腿、小腿和脚统统包住的石膏打法。我曾观摩过一次类似的手术，原理就是将一枚粗钉打入股骨颈，然后用一块拧上螺丝的钢板把股骨颈和股骨干牢牢维系在一起。钢钉的方向，以及它和骨骼的紧密接合，都需要十分精细的操作，而过程中打上的石膏，是为了在愈合所需的两个月里，确保手术部位固定不动。这样的手术必做不可，也让病人长时间无法活动，但除此以外，它还具有一些严重的风险，其中最主要的就是肺栓塞。那位妇人，应该就是这样被夺去性命的。今天的治疗方式已完全不同。钢钉加钢板的操作已是过去时。我们会直接放入人造的股骨颈假体，并用当年还未发明的抗凝剂来保护病人——通常是女病人[1]。四十八小时后，病人就能站立行走了。

所以说，我得在这位已故的妇人入土为安之前，把她的石膏拆掉。

我的手里端着一把石膏锯。我从来没见过这个东西。它很粗，是电动的，个头和电钻差不多大，拖着长长的电线，上面有一个开关和一片圆形的锯片。护士长察觉到了我的困扰，便细心解释道，刀片是不会旋转的，而是振动式的，单靠振动把石膏锯开。她的解释让我安心不少，因为我正在苦恼，不知该怎么控制锯片，避免造成破坏。她还递给我一份粗略的医院地图，指给我看到那栋楼该怎么走，又特地关照，慢性病科在地下室，紧挨着精神病科。

那儿离我们的科室相当远。我只要在大型医院里游走，就会焦虑不适，此刻依然如此，边走边感到焦虑。经过住院医生的值班室时，他们的一个小恶作剧让我忍俊不禁。值班室外贴着一块仿大理石板，上面写着："在这栋建筑的二层，公元某年某月某日（标着具体日期），杰出的

---

1 因为骨质疏松常见于女性，对女性的骨骼产生影响，使其变得脆弱。

某某教授（标着该院某位指导医师的大名和所有头衔荣誉）取得重大发现：动物的交配行为。”

我不停地查看手里的地图，又走了十多分钟，终于到了要找的大楼。

正面的墙壁上端，耸着一个用灰色石块砌成的圆顶。穿过沉重的锻铁大门，就会看到一段台阶，四周也砌着石墙，未曾加工的石头因年久而泛着光泽。二十来级台阶，几乎没什么照明。拾级而下，便来到一层楼面，看到一扇门，门上有个电铃。我按下了按钮。大约两分钟后，一位护士来给我开门。我介绍了自己，向她解释我为何来此。她叫我跟她走。穿过一条昏暗的宽阔走廊，她用钥匙打开了走廊尽头的一扇门。我跟她走了进去，那是一间带穹顶的病房，大而狭长，照明很差，一扇透风的窗都没有。在某种程度上，这儿就是个巨大的地窖。这时，我感到了惊吓，转而背脊发凉：一股恶臭逼得我只能用嘴呼吸，同时，喧闹声大得震耳欲聋，不时还掺杂着洪亮的狂笑和刺耳甚至凄厉的尖叫，让人难以忍受。病床被面对面排成长长的两排，上面躺着的，只能说是人类、是活人，或者说是人形躯壳。有些似乎被布条绑在了床绷上，有些在睡觉，还有一些被套上了束缚上身的拘束衣。我怎会只看一眼就注意到那么多细节？我想，我应该是出现了防御反射。我的眼中所见，在我内心直接激起了一种到那时为止从未经历的恐惧。不仅如此，这景象更是激起了一股强烈的逃跑冲动，虽说我同时也感到自己动弹不得。我在疯子窝里——我对自己这么说。是激动癫狂的疯子。我在失常的、错乱的人中间，他们的逻辑不识逻辑为何物，他们对所作所为不担责任，他们的行为更是变化莫测，谁都预见不了、就连他们自己都不知道，自己可能做什么、将要做什么。为何我会突然觉得，自己有受他们的状态传染、要不就是被他们带跑的危险？我的恐惧，究竟是怎么回事？是什么引起了这份恐惧？它难道没有可疑之处吗？单凭这份恐惧，不就在证明我自己的精神健康相当脆弱吗？我如何确信自己不脆弱呢？他们是异常的人。可我呢，难道我就不异常吗？我的缺陷、我的无知、我的笨拙，还有我从内到外都拒绝脱下移民的保护色，难道我不异常吗？难道就不允许存在怀疑吗？要是不存在怀疑，我怎么会惊愕到这个地步？哥哥们在班加西遭轰炸期间，总会背那些以对抗一切险境著称的诗篇。而此刻的我不禁后悔，背不出哥哥们口中的诗篇。这些突如其来又让我恐慌的问题正让我挣扎不已，就在这时，临危不乱的护士怕我听不见，大声喊道，病房尽头的那扇门有个电铃，我得按一下，就会有人让我进慢性病病房。

我怕她觉得我可笑，便没敢请她陪我走过去。俗话说：用双手紧握勇气（此句为译者添加，因后文的描述暗指法语中寓意“鼓起勇气”的形象化俗语：*Prendre son courage à deux mains*，直译为用双手紧握勇气。——译者注），可我还能用哪只手去握住勇气呢？我的两只手都死死地攥着那把石膏锯，仿佛只有它能证明，那莫名其妙就轻易占据我头脑的情景，和真正的现实并不是一回事儿。害怕、恐惧，难道不是心理失衡的标志吗？唉，要是我能想起某本书或某部电影里的相似情节，该有多好！那样，我就算得不到什么启发，也至少能回忆起主人公的做法。可我完全短路了。我怎么无视得了这股可怕的气味，还有这振聋发聩的喧闹？护士原本要去忙自己的事了，而现在看来是想朝我走来。我感到了羞耻。我决定往前走。我走得很慢、很谨慎、步子迈得很小。我一心想着，千万要走在过道的正中间，要不偏不倚地和两排病床保持等距离，更要万分当心，绝对不能激发或吸引任何人的注意，和这怪异的背景融为一体就得了。这四十多米的病房长度，我应该是花了五分多钟才走完，一边留神身边的每个病患，似乎万一哪一个要动一下，我就准备立刻撒腿就跑。但我还是没能不引起注意。有几个病人使劲地想和我对上眼，还有几个见我经过就放声大笑、冲我尖叫，要不就是朝我吐唾沫、骂脏话。我竭力不去理睬他们。

我终于走到了那扇门前，按了铃，然后立刻回头，生怕被人从背后攻击。我自忖道，他们每个人都被绑起来了，这毫无疑问，但谁能保证呢？门开了，护士长正等着我。我如释重负。她边简略地打着手势，边对我说，打石膏的死者在病房走到底靠右边，说完就回办公室去了。整个景象，和刚才的病房一样阴森，没有任何特质能让我恢复平静。我仍在颤抖着。这间病房和之前那间一模一样，高高的穹顶、同样狭长、同样勉强的照明、两排看不到尽头的病床面对面摆着。这是间女子病房。年老的女子，非常老，老到超出了我这个小毛孩的想象。她们的身体，被病痛折磨得弱不禁风、瘦骨嶙峋或是变了形。而渗透在各个角落的，是寂静，深深的寂静，偶尔被一声叹息、一记呻吟或是一阵咳嗽打扰片晌。酸涩的气味，虽没有刚才那么令人作呕，却也一样浓烈，我只能继续靠嘴呼吸。躺着的人，不如我刚刚见到的那么可怕，但都让人悲悯。我忍不住想，这是个等死的地方——我对自己说，原来这就叫“慢性病”——我还对护士们肃然起敬，她们竟然能在如此悲伤、如此闭塞，尤其是如此绝望的环境里度日。这个念头帮我控制住了心中剩下的恐惧。

走到底后向右，也就是同类病房的统一长度——四十来米的尽头，我找到了死者。她在那排病床的最后一个位置。她并不在床上，而是在地上的一个担架上，赤裸着，瘦得简直像具死尸——当我脑中出现这个比喻时，我转念一想：这很正常啊，因为她死了嘛。她的髋人字石膏打在了右侧。我找了找，发现了护士长告诉过我的那个插座。我把锯子的电线插上，走回死者身旁。我意识到，电线的长度刚好够我正常操作，于是心想，估计他们把她放在这儿、还摆在担架上，就是这个原因吧。我开始动工了，先从腰部到骨盆左侧覆盖的石膏入手。我注意到，其实，单靠振动就能把石膏振开，而且我还能通过增加锯片的压力强度来加快进度。我的效率越来越高。不出几分钟，我就熟练得像是一辈子都靠切石膏为生一样。我很高兴，自己的手一直都很巧。而这一高兴，就再次让我有了考虑做外科医生的胆量。覆盖左髋部的石膏有二十多厘米，几乎全被我顺利切开了。我停了下来，想着万一碰到皮肤，锯子会怎样。会伤到她吗？关于这点，护士长可是什么都没说，我不禁怪自己没问她。末了，我暗想，那就走一步看一步吧。这位老妇人已经过世了，说到底，她和解剖室里的那些尸体没什么两样。就算锯片把她切伤了，她也感觉不到。我埋头接着干活，把左侧的整个石膏完全切开了，甚至还将两条边往外移开了点儿。锯条确实碰到了皮肤，但没有造成一丝伤痕——其实这是正常的，只不过当时我不知道。我又停了一会儿，思考接下来该怎么做。我是先切右边的外侧，从腰部切到脚踝呢，还是先从内侧下手，从耻骨切到脚踝呢？因为最终的目标，是切成上下两瓣，随后先卸除上面那瓣，再卸下面的那瓣。我决定从内侧开始，立刻动手。我花了得有十分钟，才从耻骨切到膝部，又花了差不多的时间，才往下切到脚踝。快切完这部分的时候，我恍然间看到左腿动了一下，随后，我眼看着这条腿非常明显地又动了一下，甚至还听到背后冒出了哼唧声。我转过身去。死者竟睁大眼睛、用两肘支着，惊叫起来！我整个人一下直起，大吼不止，吼得比她还要大声。我把手里的锯子一扔，像疯子一样奔向出口。我一边全力冲刺，一边对自己说我是不是疯了，绝对疯了，被那些混蛋给传染了。护士长半路杀出，挡在我面前。她上上下下扫视了我一通，问我怎么了，是不是疯了——瞧，她也好奇这问题呢！我喘着粗气，浑身发抖，结结巴巴，一个字都说不出来。我觉得自己简直要抱头痛哭了。我抽抽搭搭、断断续续地吐着字，能听清的只有：你不会相信我的，真的是疯了！真的，那死人复活了，复——活——了！她醒了，真的，醒了！只要去看一眼就知道了。从这儿就能看见。她就坐在那儿，病房最里面。我吓得直抖，护士长却没什么震惊的表情，反倒是毫不掩饰地露出怒火中烧的样子，轻蔑地打量了我一眼，冷冷地命令我跟着她。我乖乖地照做了，一边猜想，待会儿她看到那情形会作何反应。毕竟，担架、电线过短、锯片振了四十分钟——我可杜撰不出这些啊！即便她看上去定力那么强，她也不可能不受惊吓。不然，就只能证明我的确疯了。病人们几乎全都坐了起来，或喊叫，或不住地提问，以此表达她们的惊恐。我想不注意都不行。我们走到了这具支着两肘、双眼圆睁、活生生的尸体那儿。护士长转过来，对着我劈头盖脸一顿臭骂，说我得蠢到什么地步，才会把病床搞错。我切掉的，是前一天开刀的病人身上的石膏，她活着，活得好好的——此刻，完全清醒的她，显然想要弄明白自己身上到底发生了什么。真正的死者，躺在旁边的病床上，我只消有点儿判断力就应该辨认得出，因为那是唯一一张四周围着床单的病床，之所以这么围，是为了在视觉上让尸体不要那么显眼。

我原本在担心自己变疯，现在一下子放心了，以至于我讲话都变得吞吞吐吐，一个劲儿地直说抱歉，说我不知道有床单这么回事，说我刚开始做见习医生，说我想象不出面前的居然不是尸体，说电线的长度勉强够用，说我切石膏切了四十分钟，说……那一刻，我觉得自己就好像穿着开裆裤的幼儿，站在怒火冲天的母亲跟前，因我摔碎了碗而被她训斥。可于事无补。我没能把她哄高兴了。她叫我跟她去拿石膏绷带，把我弄坏的地方补好，还叮嘱道，在我走人之前，还是得把死者的石膏切掉。我只捞到一句话的时间，问她能不能给我一块接长用的替换锯片。

她先我一步走了，边走边抚慰两边的病人。

我花了一个半小时，把该做的都做了。我离开时，她连我的道别都没有回应。我是按原路返回的。穿过疯子窝的时候，我低下了头、大步流星。

我整夜没有合眼。

油布

1962年8月

一年又一年时光飞逝，每天，在理论层面和实践层面，关于我们将来理应熟练掌握的学识，我们都在一点一滴地积累。我们的感觉系统，已开始被逐渐校准，此时在前辈们的教导下，更是一天天地越加敏锐。我们随时都会去请教他们，而他们当中的许多人，若是状态不错，就会既内行、又有耐心、又不失技巧地作答。我们学会了对各种器官做触诊，判断它们的质地和体积。我们也学会了辨认心肺听诊中的干扰性杂音。我们的一招一式都有模有样。各种各样的注射、腰椎和其他部位的穿刺术、塞尿道导管，或是插管，我们全部都会。我们觉得，自己离上阵当主力军不远了。但我们之所以会热情不灭，是因为我们发现，那些想象不到哪天会派多大用场的知识，就算是在囫囵吞枣地学，也并非徒然。面对不易消化的解剖学，我们千辛万苦地死记硬背，碰上化学、物理、生理学、病理学等等，更是调动起全部的记忆力。但若我们未曾付出过这份努力，我们会是什么出路呢？偶尔，当我们与前辈、甚至与指导医师面对面，对他们传递一则刚从理论教学中采集到的重要信息时，我们的满足感会达到顶峰。我记得有一次，我就碰上了类似的事，进行了决定性的介入。那时，我在某家医院的泌尿科做事，该科擅长做前列腺切除术。某天早晨，我到岗以后，得知某位前一天接受手术的病患死了，他的病床，曾在我负责管辖的范围内。我非常悲痛。那是一个可怜的流浪汉，生前曾对我掏心掏肺地讲自己的人生轨迹，也把他的倒霉事都告诉了我。我投入了真挚的友情，后来在他为手术忧心忡忡的时候，我还花了很长的时间安慰他。见我伤心得不能自已，住院医生和助理医师向我解释说，很不幸，这种手术的后续，目前都只能靠碰运气。注射入体内的维生素K（用于中和抗凝剂的作用）需要一定的时间方能发挥作用，而在它真正发挥作用之前，我们无法使用抗凝剂，不然就会引起大出血，而这大出血多半是致命的。但这样的被动等候，会给病人造成肺栓塞的风险，而该风险也同样经常致死。然而，前一天，就在大学里，我听了一堂讲肝素的药理课。肝素是一种强大的抗凝剂，刚刚被改良到可应用的地步。它产生的作用，只要注射一剂硫酸鱼精蛋白，就能被立刻废除。我把方才学到的知识说了出来。肝素立即被科室采用，自此，几乎再也没有出现过前列腺切除术导致的死亡。我叙述此事，并不是为了给自己贴金。两三个月，或三四个月之后，这则消息应该是被传遍了，各处开始采取同样的做法。在这件事上，我想特别指出的是，各种学识的融会贯通，以及理论知识不可否认的功用。

就我自己来说，我对这份学识信心极大，大到某一天，我撒了一个谎。然而，我完全没有预计到这谎言会让我冒多大的险。

自从顺利通过了医科的第五个学年，我就有权为全科医生代班了。我那时快二十五岁了，一心想多赚点钱准备结婚，这样，就不需要依赖我家（家人们刚刚从阿尔及利亚被遣返到法国[1]）或是岳父母家了。6月和7月，我跑遍了各个介绍所，想找个代班医生的差事。次次都空手而归。招

1　由于全家处于经济困境，我把自己的大部分时间和精力都放在了养家上。我对全家的处境高度清醒，以至于放弃了原本当住院医生的规划，顺带也就放弃了做外科医生的打算。

工的，比求职的要少得多，只要贴出一个，就立刻会有五六位应聘者蜂拥而上。到了某家介绍所，我一脸绝望地向经理敞开了心扉。出于对我的同情，他说，有那么一则启事，被晾在那儿一个多月了。找工作的人都不肯要，因为得懂助产。我从来都没有接生过。我只在妇产科实习的时候，见过一次助产士的接生过程。不过，说起理论知识，我脑子里可是存着一整套。其实，招人的医生应该是排了助产预约的，可我连想都没想，理所当然地觉得，8月还会有人生孩子的话，那得运气有多背。于是，我泰然自若地表示，我会助产。我拿到了医生的联系方式，他的行医城市离巴黎约有五十公里。我给他打了电话。那天是周四。他下周二要离开，叫我周一下午就开始代班。

要说我的打扮，那是无可挑剔：浅灰色的夏季西服、白衬衫、领带。我还有辆车，这车是贷款买的。代班医生在当年是个很赚钱的肥差，由于我盘算着多做做这差事，所以在签车贷合同的时候，连眼睛都没眨一下。

这位同人虽说正在问诊，但秘书一告诉他我到了，他就立刻走出了诊室。他的一只手里提着一个箱子。才刚问候完，他就把箱子交给了我，说我来得正好，因为有一位病人快临盆了，我得去她那儿。

就像是刚学游泳就被扔进了深水区。水都漫过喉咙了。而且比我想象的快了太多。

然而，我记得，自己丝毫都不紧张。眼前的情况横竖就是这样了。我得坦然接受。我没有别的选择。

这样的反应，是属于无意识吗？这个问题值得思考。因为，时隔多年，我站在如今的角度远距离回顾，并不认为那时的我有能力做到这么处乱不惊。我想，我应该是处在一种青春时期特有的心态中，像所有年轻人一样，认为自己的未来有无限可能，也自以为有用不完的精力。也许，我对肾上腺素水平的上升有一定的控制力。我经历了那么多个值班的长夜，从来都无法提前知晓会面对什么。最后总是一切顺利。或许正因为如此，我才收获了保持冷静的能力。我也很可能在自我暗示说，不会找不到解决办法的、总是能找到办法的。

我按照地址找到了那位太太的家。她住在一栋小公寓楼的三层。我按响了门铃。开门的显然是她本人。她身着一条宽松的浅蓝色睡裙。我自我介绍，说是给D医生代班的。她一个字都没有回应，只是叫我跟她进去。我这时已注意到，她似乎有点儿年纪了，我想，估计有四十出头了吧。她个子不高，但实在是相当肥胖。差不多一米六五却重九十公斤的样子吧。她走起路来摇摇摆摆的，两腿叉得很开。我跟着她穿过走廊，进了卧室，里面的景象让我吃了一惊：整个房间的地板上铺满了双层厚的报纸。报纸一直铺到床上，而床面则是先铺上报纸，再盖了一块白色的油布。油布中间隆起的地方下面，放着一个巨大的搪瓷面盆，面盆的左边则有一小堆东西，用白布盖着，我起初以为是枕头。我从没见过这样的装置，也从没想象过。再说，我又怎么可能想象得到呢？在那天之前，我可是只当过观众、只看过医院的无菌手术室啊。

到了床那儿，她横过来一躺，掀起睡裙、敞开双腿。她真是个庞然大物！简直是一头鲸鱼！

要是这世上有什么场面能提醒我——没有回头路了，也没办法开溜了——那再没有比这场面更恰当的了！为了消化我感受到的猛烈冲击，我把随身包和手提箱慢慢地放了下来。随后，我注意到她单独在家，便对她表达了惊讶。她回答说，她把孩子们托给了母亲，而她做司机兼送货员的丈夫，要晚上才能回来。我没再花心思追问她有几个孩子，只要知道她不是初产妇，我就已经松了口气了。因为，要不然的话，就会像头一回上战场那样，可难对付了。我问她哪里可以洗手。她指了指一边的卫生间，说她在那儿备了一条干净的毛巾。我洗了手。我走回来，打开小包，为她量了血压，测量结果正常。我问她羊水有没有破。她说，一个钟头前流出了一点儿，所以才给D医生打了电话。我又问她，流出来的液体是否完全清澈，她确认了。至于宫缩，一次次的间隔时间越来越短了，但完全忍受得了。她顺便补充道：这下刚好又开始了。我把手放在她的腹部，但我什么都感觉不到。我心想，肯定是因为脂肪层太厚了。

我得做些什么。我走向手提箱，打开，拿出一个指套——当年的指套厚得吓人，有点儿类似于今天的洗碗手套。我戴上了指套。我朝她走去。我这是要了解宫颈口的扩张程度，那时，理论上的参照标准依次是二法郎硬币、五法郎硬币、小手掌（即中文医学术语中的“大鱼际”。——译者注）、大手掌。我估摸着，到了现在这步，怎么说也该至少五法郎了，甚至是小手掌也说不定。我把手指探了进去。一直探到了阴道末端。什么都感觉不到。我将手指朝右探、朝左探，甚至往前、往后再探。还是感觉不到任何东西。唯一能觉察到的，就是阴道在荷尔蒙的作用下变得极宽。这么大的宽度，让我心头一颤。头脑里的认知，是一回事。它确实得这么宽，胎儿的身体才通得过。但亲自察觉，是另一回事！胎先露居然还在这么高的位置，这可能吗？不符合逻辑啊。因此，我决定让胎儿往下走，拿左手去推子宫底。我的手指一直在阴道里，我便用之前的方式重新探索了一番。仍是徒劳。推子宫底的时候，我推到位了吗？看这脂肪层的厚度，很难说。不管怎样，我完全没能辨认出子宫颈在哪儿。我实在震惊。因为，照这助产理应达到的进度，就算没有感觉到宫颈，至少也应该碰得到胎儿的头颅。我不知不觉地自言自语道，再怎么像那么回事，但总不会真的没有宫颈吧！这时，我的脑中涌入了各种各样可能发生的意外和并发症，甚至出现了不同情况下要采取的应急措施。我很高兴自己能有这么广的理论知识面。但现在连一丁点具体定位都没有，我怎么去运用这些知识？我能拿它们做什么？

我暗示自己的第一件事，就是必须保持冷静，非常冷静。话说，何不制造一点儿分散注意力的效果呢？

我掏出一张纸。照我一贯的做法，我按书本知识里的规矩，事先在这纸上画了张表，每一栏都对应开宫口的各个阶段，而与之垂直的每一行，则标注着原则上每十分钟一次的指检各有什么反应。

接下来，我取出了手提箱里的木制听诊器，试图听一听胎心、估测一下心率。这也是受了理论知识的指点。木制听诊器，是一种长约十五公分的圆锥形听音工具。需将敞开的口放在腹部胎背处，耳朵贴着另一端钻了一个孔的圆形截面上。若是通过宫颈指检和子宫体按压找到了胎儿位置，那么，听诊器的放置点就很容易确认。可我对这些当然无从辨认！我还是基于胎儿位置的统计概率试了试，把听诊器放在了右侧。我把耳朵贴了上去。什么都听不到！我再试，将听诊器朝各个方向移动，还是一无所获。于是，我换到左侧，把动作重复了一遍。然后，我又试了上端，再试下端，一边想着，这位太太的肥胖很可能妨碍了胎儿定位。我还是什么都听不到。我也什么都不说。我必须不动声色、保持冷静。我回到纸上，假装在上面涂涂写写。我没有动弹。

我当然不会平静。这次助产，我本该好好干的，可我具备的，只有我那了不起的知识而已。的确，这些知识不会让我露馅，但直到这一刻，它们一点儿忙都没帮上。遇上具体、实际的层面，我就等于进了死胡同。

距离我的首次尝试，应该已经过了五六分钟。还没到理论规定的十分钟。但我不准备斤斤计较了。因此，我再次戴上了指套，又做了一次阴道指检。我重复了先前的动作。颗粒无收。我再去听胎心。依然听不到。

我又坐了下来。

脐带脱垂。这几个字闪过脑中。脐带落入阴道，那么，每宫缩一次，就会给胎儿带来很严重的风险。就是它！我心想，就是这团东西让我找不到宫颈的！

我要不要打电话给D医生，告诉他我做不到？

我接着思忖，如果脐带掉进了阴道，并且我是现在注意到的话，我一定可以靠指检触知脐带的存在。我又站了起来，开始重新摸索。什么成果都没有，只观察到并没有发生脐带脱垂。

我再坐下的时候，觉得自己越来越焦虑了。我还没出汗，可我能感觉到，我离出汗不远了。

我咒骂指套太厚，开始测试起它的可靠性。我把手指夹紧，试着感觉指间的夹缝，并将戴指套的手指触摸左手上的高低起伏。我能感觉得到，很微弱，但还是感觉得到。我找到了触觉最明显的点。于是，我决定再试最后一次。但我刚一伸入手指，就听这位太太说道：“我不知道啊，我的小大夫，您这辈子接生过几次，可是，我吧，这是我的第七次了。所以您还是坐着吧。他要出来的时候，我通知您。”

我差点儿就要放肆大笑或是欢呼雀跃了。

我回想起母亲曾这么对我讲述她的多次分娩：“我们哪，可没人娇惯。我们生孩子的时候，没人会来搞一堆有的没的，大做文章。我们要是付得起，顶多能找个助产士来帮帮忙。但大多数情况下，我们只是叫个接生婆来，或者某个女邻居。我告诉你，我呢，与其把我刚生出来的宝宝洗干净、在胸脯上放个几分钟等着释放[1]，我可不会花这工夫。我会拿条布把肚子绑绑紧，然后就起身洗衣服去了。”总之，她在提示我，这只不过是一个平凡自然的行为而已，一个被医学霸占的自然行为。

至此，我已竭尽全力，只求片刻都不要流露一丝恐慌。而到了这时，我放过了自己一马，回答道：“如果您期望如此的话，那么太太，我也不觉得有任何不妥。”

我坐下了。

一刻钟后，我知道羊水囊破了，因为，面盆里响起

1　在母亲自己的语言里，用的是Khlas一词。这个词的确切意思是“结束了”，与分娩术语中“释放”一词的实际所指完全一致，也就是胎盘的剥离。

了十分清澈的流水声。

半小时后，她向我示意，宝宝要出来了；示意的时候，连一声痛苦的叫喊都没有。我发现，她在排尿液和粪便。Inter faeces（书中，作者将此词写作*foeces*，经查证后，确认原文应为*faeces*，应该是作者的笔误。——译者注）et urinam nascimur（拉丁语，意为“我们生于屎尿之间”。——译者注）。圣奥古斯丁的名句跃入眼帘。我的双手一直候在外阴处。一会儿，我看到胎儿的脑袋出来了，还和理论知识中提到的必经过程一样，自发地转了转。随后出来的是肩膀，再接着，就是身体的剩余部分。是个男孩。他立时哭了起来。我把他放到了母亲的肚子上。等了几分钟后，我用手提箱里找到的工具夹住脐带、将它剪下。她从那堆盖着布、我以为是枕头的东西里拖出一条软毛巾，我就用这条毛巾为婴儿擦了擦身。我拿她指给我的另一条毛巾把孩子裹起来，递到了她的怀里。她继续躺了一阵，等待胎盘剥落。我检查了胎盘，很完整，也没有缺陷。我把胎盘放进了她准备好的袋子里。我为她量了血压。一切正常。几分钟以后，她把孩子放在床上，站了起来，问我要不要咖啡。我谢绝了，并问她可否允许我再进一下卫生间。我迫不及待地想洗个手，把羊水那恶心又顽固的味道洗掉。她则忙着将面盆里的东西丢进坐厕。然后她回到房间，开始收拾报纸，把它们叠成一堆。她拒绝了我的帮忙。我怕冲撞她，便没有再坚持。

当D医生到达时，地板已经恢复了原样。我去整理手提箱的时候，他看了看婴儿。填写完出诊单后，他收下了她预先备好的出诊费，接着对我宣布，他可以去安心地度假了。

那个月，我做了十九次接生！

每次都非常圆满。

唯有一次除外。

那是一个夜晚。在一栋农舍内宽敞的房间里，地面是轧紧的泥地。整个房间，只有天花板正中央的一个灯泡发着微弱的光，勉强作为照明。产妇在夫妻的大床上，丈夫在床边。六个孩子都在各自的床上待着，他们的床贴着三面墙摆开。每个孩子都醒着，注视着发生的一切。分娩的过程很顺利，但新生儿没有发出叫声。我很快意识到，婴儿有呼吸困难，出现了发绀。我把他往床上一放，急忙翻手提箱，找出一根插管。我抱起婴儿，将插管的一头儿伸入他的喉咙，另一头儿则被我用来吸黏液，每吸一口就吐在地上。他叫了起来，周身也渐渐变得粉红。我重新把他放回床上。这时，我发现，产妇在不停地出血。我立时认出，这就是书上所写的由胎盘滞留引起的产后大出血。这种情况下，必须进行手工剥离。我知道规定步骤，但我从没亲手做过，也没亲眼见过别人操作。我心想，我得把这位产妇带上车，载她去医院。可医院在十五公里外，等我开到那儿，她的血肯定要流干了！我朝手提箱里瞥了一眼。我马上找到了需要用到的东西。理论知识清清楚楚地在我脑中，我一五一十地做了该做的，而且，速度之快，连我自己都不敢相信。肾上腺素的神迹！我取出一小瓶催产素，抽了满满一针管，随后把针筒搁在产妇的左侧，对她解释了情形，告知她我得让她睡一小会儿。我把一小瓶麻醉剂倒在面罩里，用左手将面罩捂住了她的鼻子。我的右手，则伸进了阴道，继而伸入了敞开的子宫里。我眼看着自己的整个前臂都不见了。然后，我照书中所言，开始用“手刀”（即掌外沿。——译者注）按摩子宫壁，以此刮除滞留在子宫组织内膜上、阻碍子宫收缩的胎盘残余。我放开了左手，因为面罩已稳定在了产妇的鼻子上。我的左手转而拿起了方才搁在床上的针筒，从皮肤表面用力地朝子宫扎了下去。我随即进行注射，并立刻感觉到了子宫的收缩。当收缩的力度达到顶峰时，我抽回了自己的手。大出血被止住了。毫无疑问，我救了这位产妇的命。要不然，她很可能就一命呜呼了。但我没忘，我也让她冒了个大险，而且是冒着败血症或破伤风的危险——那是农场里的泥地啊！——因为我在进行该有的操作时，完全光着手，还是光着脏手！我克制住了自己的不安，为她做了一剂青霉素-链霉素（100U/ml青霉素，0.1mg/ml链霉素）的肌肉注射——当年的万灵抗生素——和一剂破伤风疫苗的皮下注射。离开的时候，我心有余悸，说我第二天还会再来。

我的确这么做了。

她正在农场的院子里喂鸡呢！

快活快活

1963年夏

D医生对我的工作很满意。尤其是因为我建立了自己的客户群：有时，我甚至会接待从别的医生那儿来的病人，成天把诊所挤得门庭若市！

我不禁好奇，是什么让我变得这么抢手。我得知，“始作俑者”是一个流动肉摊的老板，职业就是走村串疃地卖肉。我听人说，自从一位顾客对他讲，我是如何在某天清晨救了她的命之后，他逢人便对我歌功颂德。的确，当时她的状况很惨：由于肺水肿发作[1]，她的呼吸困难到近乎窒息。今天出现这种情况时，会使用利尿剂注射液，且效果立竿见影；但在那个年代，我们还没有这样的良药。我所做的，是用一支粗针筒为她放血，同时通过听诊器密切注意她肺部的状态。这一动作，我不得不重复了四五次，一切才终于恢复正常。从感觉自己濒临死亡，到平稳地呼吸，她想必受到了极大的安慰，以至于她就像大多数病患一样，不知疲倦地到处述说，同时不忘添油加醋，还反复为我树碑立传。

因此，D医生请我继续在诸圣瞻礼节、圣诞节，再加上复活节的假期为他代班。我又接生了几次，并且赚了很多钱。在那时，医生是一个很赚钱的职业。才十五

1 急性肺水肿常常是由突发性高血压引起的，这起病例即是如此。急性肺水肿的特征在于，肺泡——形象地说，如同一个个小口袋，口袋中的血液与空气密切接触，汲取其中的氧气，并放出二氧化碳——被液体填满，无法运作。喘不过气的感觉极其痛苦，并且，若不采取措施，送命是迟早的事。

天的代班，还仅仅分到一半诊费，我赚的钱，竟是我当教师的未来妻子工资的四倍，也是我做见习医生时月度津贴的二十倍。

接下来的那个夏天，在D医生请我代班之前，我接受了另一位医生的邀请。他的诊所设在距巴黎约四十公里的一个工业城区，好处就是能方便我在需要的时候回家。

当我前去见第一面时，W医生格外热情地接待了我，而其中很重要的一个原因，就是他在我之前，从来没找到过会接生的代班医生。这导致他不得不把本可以成为客户的未来产妇们拱手送往产科诊所或医院，并因此损失掉一大笔收入。就好像是他自我介绍的一部分一样，他不厌其烦地强调了一番："我从医，不是因为被医学吸引，虽说这确实是个很有意思的职业，"他继续说道，"我从医，就是为了赚钱。既然要赚到钱，就得是个好医生，所以我是个好医生。我也有这个名声。为了保住这个名声，我能做的都做了。我去参加行业大会，我到处搜集资料，我还订了各种期刊。这样一来，我医人的时候，把能的和会的全都拿出来了。"这么说着，他领我进了诊所隔壁的房间，给我看他的X光拍片装置，接着讲道："我在X光检查室见习了六个月。所以，现在我病人的片子都由我自己来拍，不光拍骨骼和肺部，任何部位我都拍。我拍尿路造影片，也拍胆囊、胃，只要是需要的我都会拍。每周我花两个早晨的时间拍这些。您呢，您不用做这个，但您可以用这儿的X光透视设备。各种小手术和普通的矫正手术，我也都做。遇上骨折病例，我也做正骨消肿和打石膏。”

他觉得很有必要，便把自己日常起居的安排和永葆健康的妙招都细述了一遍。

诊所在一栋大别墅底层的左边，候诊室在右边，正对着诊所。往里走，右侧的一扇门通向厨房，尽头的门通向花园，而左侧的门则通向地下室。地下室里住着托巴尔（Tobar）夫妇，两口子都退休了，过去曾是公务员，而今，丈夫负责日常采购和整理花园，妻子负责病人的接待和外人来访。W医生自己，则和他的英国妻子住在二楼。他们的两个儿子正值青春期，都在英国上学。每天，他都7点钟起床。他会先做半小时瑜伽——依我看，他那出众的体形，应该归功于此。接着，他会享用一顿丰盛的早餐，包括果汁、胡萝卜丝、白煮蛋、酸奶、黑麦面包和茶。8点，他准时进诊所开工，一周六天、一天十二个小时。

他又向我介绍了诊所的各项具体事务，给我展示了各种检查器具的摆放位置、不同情况下使用的各种文件，以及针筒和手术工具的消毒用品。我震惊地发现，所谓的“消毒用品”，竟然只是一个个玻璃瓶！按他所说，里面装着固体福尔马林。这和高压灭菌器也差得太远了，不过，既然最精彩的还在后面，我还纠结这个细节做什么呢？他抓起一个便携医药箱，把手往里一伸，捞出一把回收利用的疫苗注射器给我看，说道：“这些针筒里全是酒精。所以，它们是消过毒的[1]。您如果要打针，就拿一支，让病人取来棉花和酒精，把针筒里的酒精倒进棉花里，再抽满药水，就能打了。然后，您用病人的酒精灌满针筒，放回这箱子里。这样，所有针筒就始终保持在消过毒的状态。”我惊得回不过神来。这些和我掌握的灭菌知识，简直天差地别！但我怎么能用理论知识，去反对如此根深蒂固的观念、对抗这经年累月的实践呢？我一句都没有评论。

于是，他问我有没有漏了什么。

1 这当然是人们普遍笃信的理论，也是他自己的思路。但这是错的！因为，除非特定浓度，一般酒精从来就杀不掉任何细菌！今天，我们依然深信它有这种属性，继续当杀菌剂使用。

我说，我想知道病人档案在哪儿。他回答道，他没有病人档案，还说，我会问出这个问题，说明我的思维还是太书生气了。他补充道，档案这东西，根本没用，因为病人永远都对自己的情况记得一清二楚。要是我想了解他最近的一次血压值、想知道他哪儿不舒服，或者希望他告诉我目前在接受什么治疗，只要直接问他就行了。他不仅会感到自己的重要性，还会觉得他正在亲自帮医生治愈自己。

我又提出，他没告诉我上哪儿找指套。“指套？干什么用的？”他抬了抬眉毛问道，就好像我提了个很荒谬的问题。“做触诊用的。”我假装乖巧地回答他。他反驳道：“可这种触诊，我们亲热的时候都是光着手指弄的，为什么到了工作上就得换一套做法？”

我选择就此打住。

让我惊奇的事一件接着一件，不过那会儿我还不知道，好戏还将继续上演。我面前的这个男人，成熟、经验丰富，年纪和我大哥差不多，有信念、又自信，并且在任何事上都不让步。他先是说，虽说我自己开车来，但他不会给我用车补贴，因为他的客户极多，多到我的收入很有可能会比之前任何一份差事都高。我明白，我没什么好多说的。

第二天一早，他就度假去了，走的时候，开的是车库里一辆玫瑰红色配米色的美国大车。之前，我注意到了这辆车，也注意到他的工作用车停在前面。当我怯生生地试着和他讨论取消用车补贴的事时，他拒绝让我用这辆车，说要让它就这么留在车库里。“车子，”他说，“就像女人。我呢，我不喜欢除我以外的其他人去碰它。”

我的工作确实非常、非常繁忙。算起来，我应该接生了十五次，其中一次还是在一艘驳船上的紧急接生。我也不得不承认，光着手指触诊确有好处，能更直接地感觉到想要摸索的东西。

这套与巴黎近在咫尺的乡村医学，让我颇为受教。它类似于我儿时经历过的那种医学，大夫们治病时，会把各种办法都搬出来。

每周日值班的时候，我都会接待从其他医生那儿来的病人。我就此发现，面对如此具体、复杂的从业实践，学校教的知识，丝毫没有起到预备的作用。

就像这位病人，在我为了量血压而叫他脱衣时，他这么说：“一看就知道您是个新手。可我的医生，他啊，姜还是老的辣，他太了不起了，从来都不叫我脱衣服。我不用脱外套，甚至连大衣都不用脱，他就能给我量血压。”

已数不清有多少次，当我为了检查病人而请他们脱衣服时，听到同样的说辞。这位医生，他让所有病人都穿戴整齐地接受检查。甚至还有人告诉我，他连检查都不做，他厉害到只要看着他们，就知道出了什么问题。

就像那位病人，我问他得过什么病、哪里有过不适，他回答我："去年冬天，我差点儿死掉。幸亏有我的医生在，他救了我一命。您肯定没法儿相信，我染上病毒了，是啊，病毒呢！"我追问那是什么病毒，他继续说道："病毒呀！啥？您不知道啥是病毒？您确定您是医生吗？因为我的医生，他啊，可是正宗的医生、好医生，他说我染上病毒的时候，他很清楚啥是病毒。"

还有一位病人，对我说起两天前，他在村里的咖啡馆找他习惯看病的医生看过了。见我抬起了眉毛、一副惊讶的表情，他开始解释说，这位医生在接到求诊后，便会吩咐这个或那个村的病人到小酒吧里去等他，一时间，这些酒吧都成了第二个诊所。"还有，这事儿做得最爽快的地方就是，"他特地补充道，"那一杯他来请客！"

所以，我相当受教，但我还不知道，随着我一次接一次代班，我要学的东西还有很多，而且都和我最意想不到的问题有关。

第一次，只是一个看上去不起眼的小细节，但还是震惊了我。

在D医生那儿，我把代班期间的总收入数目给他，并把对应的支票和现金交到他手里。他从不核对，回头便立刻付我酬劳，而且酬金里已直接加上了我的用车补贴。而在W医生这儿，我必须要记录在册，写好每一位求诊病人的名字，然后在另一头写上支付金额。每页的页脚，我得算出总额，并在下一页的页眉再次誊写这个数字，以此类推。他总会把每一页都看一遍。随后，他要计算支票总额，再数现金。第一次代班结束时，他得分给我四千四百七十七法郎。他数给我四千四百八十法郎，问我有没有三法郎零钱找他。我回答说没有，说他给我四千四百七十法郎就可以了。他拒绝说："不不，我还是给您写张支票。"他真的写了！

在另一次代班期间，他注意到一件事，便问我，列表上某个名字的另一头，为何什么数额都没有标。我对他说，那天是去登门送死亡证明的，可考虑到当时的气氛，我就没敢收费。他说："我要扣掉您半次出诊的酬劳。您不要求付费，是错误的，尤其是在那种情形下。因为，不论您乐不乐意，您的做法会让死者亲属认为您有负疚感，进而就认为家人的死是您的错。”

还有一次，是关于一趟夜间出诊。不管我怎么解释，他还是和之前一样罚了我。那人来按门铃的时候，应该是半夜三四点钟。我在值班。我去开了门，面前是一名三十来岁的男子，他说，他的妻子快生了，他朋友开车把他从八公里外的镇子送到了这儿。他让朋友先走了，因为他得带着我一起回镇上，好为我指路。途中，我了解到，他先打给了自己的家庭医生，随后是通过“用户未接听”[1]功能被转到我这儿来的。他说，这是他们的第一个孩子，妻子很恐慌，还补一句说，他也一样恐慌。到了他家，我告诉他我要去拿后备厢里的接生工具箱。于是，他边掏出口袋里的皮夹，边对我说，不用麻烦我了，我只要写张出诊单，他付钱给我就行。我一惊，还没回过神来，他继续解释道，他是搭顺风车从巴黎回来的，之所以想到来找我，是因为他觉得肯定打不到车，而我去他家出诊的话，这笔钱就能通过社保报销。我怒不可遏，把他痛骂了一顿，能用的脏话都用上了，骂完扬长而去。W医生郑重其事地指出，我过于轻信人的道

1 这是当时某项电话服务的名称，具体来说，当人不在场或不想被打扰时，可以留一条信息。相当于我们今天智能手机的临时留言的功能。

德，所以对当时的情况处理不当。我完全可以换一种方式处理。比如，钱照收，但不给出诊单。或者，如果我怕发生肢体冲突的话，就给他出诊单，并写信给社保，把整件事说明。我提到，这个人的姓名、社保号，我都不知道，地址我更是一无所知，因为我是靠他指的路。他一听，便敦促我衡量一下自己草率到什么地步，并补充道，这样的话，我就该给他出诊单、收下钱，第二天上警局报案。

的确，为D医生代班，让我在行医上得到了锻炼，但我从他本人以及他的客户群身上，什么都没有学到——他的客户，不论是住在城里还是郊外，大多属于中产阶级。而W医生的诊所则开在工业城区，从富豪到粗人，什么样的人都有。他用他的冷酷、他自创的医术、他那卑鄙的实用主义，甚至是他的厚颜无耻，让我看到了种种世态人情，也见识了众生相——人，有多少种喜好和处世方式，就能催生出多少个小社会，供他们在其中聚集。我会学到这些是因为，后来，一次接一次的代班，让我们聊起了他的病人。我注意到，他对他们的人生背景竟了如指掌，而且，他常常能将他们的症状或疾病，与他们人生中的这一面或那一面联系起来，解释说，这些情况或经历，有时会造就他们的体态姿势甚至是面部特征。他会得出这些结论，是练瑜伽的缘故吗？我从来没问过他。

我还为其他医生代过班。但没有一位能像他一样，给我留下如此深刻的印象。和他共事，比起知识，我获得的，更是经验啊！俗话不是说吗？人们用“经验”一词，为自己犯的错起名。他帮我点出又助我纠正的错，是何其多！

他对托巴尔太太怀有一种特别的温情。头一回说起她、头一回向我介绍她时，他就说，并且当着她的面说，她可绝对称得上是自成一派的民事登记官，我千万别忘了这点，因为她常常会把病人的名字记得面目全非，或者为病人改名换姓，要不然就拿他们的地址开刀。“这真是个不可理解的小癖好呢。”他边这么说，边伸出手指揉了揉她的头发。他继续说，如果真的发生的话，只要责备她一下，她就能拿出正确信息了，其实，她都好好地记在脑袋的某个角落里呢。事实的确如此，我亲自证实过了。

除了曾当过货真价实的民事登记官以外，托巴尔太太的厨艺也相当高超。她眼里的崇高使命，就是为我做出美味绝顶的小吃、尽力让我顺心如意，甚至还能时常克制住她的“小癖好”。

她视我如己出，每天晚饭之后，她也总爱到二楼的客厅里来陪我，一起看黑白电视机上的唯一一个频道。她会跟我聊她的三个儿子，聊儿媳们，也聊她的八个孙儿。我用心地听她说，她很喜欢我这样倾听。这几乎成了我们的惯例。

直到某天晚上，她似乎对一个节目产生了浓厚的兴趣。那节目讲的是女性生理周期和人类繁衍。在那个年代，电视产业的目标，就是大力传播大众文化。她目不转睛地盯着屏幕，一个字都不放过，脸上还露出惊奇不已的神情。节目一结束，她就问我，我知不知道这里面说的事。我回答她，我上的学，教的东西可比这多得多呢。她一听，立刻坐直了，表情里尽是惊讶和欢喜，眼里装满逗趣，接着问道，这里面说的是不是真的。我表示肯定后，她追问说：“那么也是真的咯，女人没月经了之后，就要不了孩子了？”见我向她保证这正确无误，她起了身，边走边对我说：“我得快点儿告诉我的保罗，趁他还没睡着。没准啊，今天晚上，我们就能好好快活快活了！”

知识让人赚到的，可不光光是钱啊！

后来呢？

后来？

后来？

什么，后来？

因为，这个词，既可以指之后的其他叙事，又可以指以上叙事的后续影响。

麻烦的是，无论是指前者还是后者，都没法给出确切的答案。

那么，是否有过其他叙事呢？

有过。不计其数。有太多太多，其中，就有我写下的、让人们读到的那一些。

那么，在最后一次叙事之后，是否又有过其他叙事呢？

大概没有。不过，我不能就此断言。

再说，都过去那么久了！照我说，曾经的这些叙事，它们的进行过程都模模糊糊，模糊到我费了好大的劲儿才想起一些。叙事的惯例，逐渐被其他讨论取代，也不是没有可能。那些讨论，总是围绕文学作品或围绕戏剧、歌剧、电影作品，都是孩子们当中这一位或那一位觉得格外重要，也一心想要证明重要性的。更何况，在他们各自的生活里，他们忙碌的事和他们的兴趣爱好，占用的时间越来越多，我们全家的晚餐，也不再那么有规律了。尽管如此，我们每次相聚时，都还是有同样的感觉：仿佛时间一眨眼就溜走了，交谈的氛围也依然活跃。只是到了相聚的当下，孩子们又迫不及待地讲述或者评论起各自的经历。趁着这些机会，我出于联想，做过这样或那样的记叙，也并非没有可能。我提到的“模糊”，就是这么来的。

但也正是因为如此，才可能让我们真切地领会，一家人长久以来的密切来往，产生了什么样的效果，虽说我从未对此花心思做过细致分析。我沉浸在幸福感中，这份幸福感，阻碍了我做分析的念头，更何况，我的妻子和我一样欣喜，我们共同感受着这份幸福。

站在如今的角度，此时此刻进入我脑海、让我反复思量的，又是另一则联想。然而，这则联想有点儿非同寻常，因为它唤起的，是我原生文化中表示哀悼的一种说法。

若有人刚刚失去所爱之人，我们最好提及逝者，并这么说："他/她，把生命放手交给了你，为你开启了长久的存在。"

被抛弃了的"生命"，和被开启了的"存在"，两者之间的不同，在这句话里浮现出来，而它们的区别，恰恰呼应了我在本书开头提及的同一种区别，也就是希腊语中表达生命的两个词：zoe（躯体生命）和bios（情感生命）的区别。zoe已经告终，故人抛弃了它，这是一桩事实，我们无法忽略，也无能为力。但对未亡人而言，bios，如句中所说，向一段长久的未知开启。当然，这其中有祝愿的成分，但此处的"开启"，更确切地说是"再次开启"、可能会"关上"的概念，暗指了另一件事。追求bios的持续活跃，就必然要同时面对一件事：那位故人，将从此永久地成为bios的一部分，或是不断地赋予bios新的面貌。这就相当于在告诉世人，只要还被一个未亡人思念着，谁都不会真正地死去。

什么样的新角度，能够被用来诠释bios，也同时诠释“存在”这个概念的内涵呢？

我们不会注意不到，我所有的记述，除了在毫无疑问地重申“学习”这件事以外，也在一次又一次地提到相遇，各种各样的相遇、各种各样的存在、各种各样存在的片段。那些相遇，因事实或因效果而被感知。我的孩子们，就是这些记述的接收者，我有否成功地让他们得知，这些相遇大致数量多少或种类几何？我全然不知。不管怎么说，我无法十分肯定地给出数字，因为，他们当中的每一个，都曾根据自己听到记述那一刻的情绪状态，去感知其中的那些相遇。也许，他们来请我写下其中一二，就是出于此因？又也许，我过于自负地认为，通过我的叙事，我就能输出某种世界观，也就找到了锻炼他们的方法？只不过，这世界观，当然是我自己的，它兴许会为我招来谴责，批评我试图给孩子们洗脑——这可就更自负了。麻烦就在于此。因为，虽说这确实属于某种世界观，但它却是建立在一段历史上的。在我任职临床医生的漫长年华里，我已核实，每个人，即便对此历史的内容一无所知、也无论他成为什么样的人，他都在降生到这世界的那一刻，甚至是被母亲怀上又甚至更早的时候，就继承了这段历史，并注定会在必须以自己的方式涉入其中时，参与、延续这段历史。在每一段各有特殊性的历史中，我们每一个人，按照自己原本的样子，都只是这历史长链里的一个环，而这段历史，让我们在不知不觉中，都成了被它牵着线的木偶。至少半个世纪以来，我们周围的世界，一直在不懈地摒弃这个事实，鼓吹着所谓的个人自由——这“个人自由”，被拉康定义为“自我自主的幻觉”。这种环境影响的后果，就是让每个人以为，他是自己的唯一缔造者。

我怎么想象得出、又怎么可能打算，让我的孩子们从周遭环境的影响力中彻底脱离出来？这会把他们变成不适应世界的怪人的！我听说，在美国，硅谷和那些大型电子公司里的超级精英们，全都禁止自己的孩子碰电脑和智能手机，并把他们送进费用昂贵无比的学校，这些学校都重视书籍，以书本为唯一的教学材料。我做不到像他们那样，所以，我为他们设想了一种方法，让他们多少能抵御一下环境压力带来的危害。

我自忖，我本该用其他做法来触及这个话题的。

比如，我本该一有机会，就反反复复地给他们播放各个版本的《匹诺曹》，直到发现他们终于明白，他们的整个人生，将被多少无法无天卑劣之徒围绕，这些无耻之辈，又将多么擅长于迷惑他们、说服他们吸收虚假的价值观。

我也本该让他们背出拉封丹的寓言《橡树与芦苇》，不断地让他们重背、再重背。我应该要强调，芦苇懂得屈身却不折腰的态度，强调它用最微薄的抗争迎向风的狂啸。我本该颂扬芦苇扎得极深的根为它造就的挺拔和顽强。我本该赞美它和真理建立的亲密关系，以至于它会与左邻右舍团结一气，让人们从风声之中听见，弥达斯国王长了对驴耳朵。我本该对他们说，若是这同样的风、同样的风声，没有扬起我父亲的母亲那撕心裂肺的哀号“你为什么抛弃我？我上哪里去找领我走这一生的杖和竿？”，我会感到多么遗憾。我本该向他们解释，当时的她，正在她父亲的未长草的坟头哭得浑身发抖，突然，她感到肩上压了什么东西。她转身一看，大惊失色，只见一根竿子，正被一个身材高大、衣着雪白的红发青年握着。那青年对她说：“来吧，我将做你所求的杖和竿，领你走这一生。”这会是解读那篇故事的另一个角度。一场诞生于墓地之中、坟头近旁的盟约，难道会毫无影响力吗？

死亡，并不是一切的结束。它是zoe的终点，但它也为亲人们的bios开启了一条道路。这条路，正伸向这死亡即将改变的世界，或者说，这条路伸向的世界里，各个决定因素的秩序即将被这死亡打乱。实在奥妙。

我本该做这些的，我默默地想。

是啊。

但我没有做。我很难说，如果做了，结局会不会如今天这般。

我做了我能做的。

就像我的这些文字，每个人都尽可从中收获心之所求，或力之所及。

直至真正领悟：无论过程如何，生命永远都是一场美妙的历险！

致谢

我谨此首先感谢Odile Jacob出版社对我的再次信任。对于我提议的这部奇特作品，Odile Jacob毫不犹豫地赋予关注，在作品的撰写上给予我大力支持，并为我慷慨付出编辑团队的才干，我对此深表谢意。

我谨此向我的孩子们表达无尽感激，感谢他们在我整个写作期间的耐心陪伴，感谢他们每一位都用自己的方式，向我表达了种种感想与评论。

我也谨此感谢首批阅读全书或部分章节的朋友们。按照阅读的时间顺序，他们依次是海因茨·维斯曼（Heinz Wismann）、阿里·马古迪（Ali Magoudi）、马尔维恩·扎尔克伯格（Malvine Zalcberg）、加布丽埃勒·热尔贝（Gabrielle Gelber）、妮科尔·纳乌里（Nicole Naouri）

和波勒-亨丽埃特·莱维（Paule–Henriette Lévy）。感谢他们每一位的帮助，使我更加清晰地勾勒出我在这份记述中所追寻的目标。

Translation copyright © 2021 by Life Bookstore Publishing Co.Ltd.
All Rights Reserved.
本作品中文简体字版权由生活书店出版有限公司所有。
未经许可，不得翻印。

DES BOUTS D'EXISTENCE by ALDO NAOURI © ODILE JACOB, 2019
This Simplified Chinese edition is published by arrangement with Editions Odile Jacob,Paris,France, through DAKAI - L'AGENCE

图书在版编目（CIP）数据

存在的片段 / (法) 阿尔多·纳乌里著；王资译 .—北京：生活书店出版有限公司, 2021.4
ISBN 978-7-80768-347-6

Ⅰ.①存… Ⅱ.①阿… ②王… Ⅲ.①阿尔多·纳乌里—生平事迹 Ⅳ.① K835.656.2

中国版本图书馆 CIP 数据核字 (2021) 第 034010 号

策　　划　李　娟
执行策划　张碧英
责任编辑　廉　勇
装帧设计　视觉共振设计工作室
封面插画　潘若霓
责任印制　常宁强
出版发行　**生活書店**出版有限公司
　　　　　（北京市东城区美术馆东街 22 号）
图　　字　01-2020-2336
邮　　编　100010
经　　销　新华书店
印　　刷　北京新华印刷有限公司
版　　次　2021 年 4 月北京第 1 版
　　　　　2021 年 4 月北京第 1 次印刷
开　　本　787 毫米 × 1092 毫米 1/32　印张 10.25
字　　数　155 千字
印　　数　0,001—5,000 册
定　　价　58.00 元
（印装查询：010-64052612；邮购查询：010-84010542）